夏晓虹著作系列

夏晓虹 著

旧年人物

图书在版编目（CIP）数据

旧年人物 / 夏晓虹著. —北京：北京大学出版社，2019.11
（夏晓虹著作系列）
ISBN 978-7-301-30859-2

Ⅰ. ①旧…　Ⅱ. ①夏…　Ⅲ. ①人物 – 生平事迹 – 中国 – 近代　Ⅳ. ①K820.6

中国版本图书馆CIP数据核字（2019）第224161号

书　　名	旧年人物 JIUNIAN RENWU
著作责任者	夏晓虹　著
责任编辑	刘书广　谭　艳
标准书号	ISBN 978-7-301-30859-2
出版发行	北京大学出版社
地　　址	北京市海淀区成府路205号　100871
网　　址	http://www.pup.cn　新浪微博:@北京大学出版社
电子信箱	pkuwsz@126.com
电　　话	邮购部 010-62752015　发行部 010-62750672 编辑部 010-62750577
印 刷 者	涿州市星河印刷有限公司
经 销 者	新华书店
	650毫米×980毫米　32开本　8.375印张　135千字 2019年11月第1版　2019年11月第1次印刷
定　　价	59.00元

未经许可，不得以任何方式复制或抄袭本书之部分或全部内容。
版权所有，侵权必究
举报电话：010-62752024　电子信箱：fd@pup.pku.edu.cn
图书如有印装质量问题，请与出版部联系，电话：010-62756370

目 录

小引 / 陈平原 001

才子、名士与魁儒
——说王韬的"豪放" 001

心存救济利名轻
——说郑观应的"恬淡" 014

傲骨原宜老布衣
——说林纾的"好名" 030

海外偏留文字缘
——说黄遵宪的"真率" 041

我自横刀向天笑
——说谭嗣同的"任侠" 054

"圣人"心迹
　　——时人眼中的康有为......064

寂寞身后事
　　——时人眼中的梁启超......078

我欲只手援祖国
　　——说秋瑾的女杰情怀......096

阅读秋瑾
　　——一代英雌的人生意义......111

来自巴黎的警报
　　——梁启超与"五四"运动......118

从留日到抗日
　　——林长民与"五四"运动......130

外交元老的投袂而起
　　——汪大燮与"五四"运动......141

抗辩政府的大律师
　　——刘崇佑与"五四"运动......148

酒不醉人人自醉......162

人生得意须尽欢 173

人生有情泪沾臆 185

古今人物排行种种 198

晚清报纸上的秋瑾之死 205

改良少年贾宝玉 210

今日黔中大腹贾，当年海外小行人
　　——读陈季同《学贾吟》手稿本 214

两种新刊黄遵宪集版本小议 224

作为教科书的文学史
　　——读林传甲《中国文学史》......231

学者的收藏
　　——读《（冯永轩藏品）近代名人墨迹》 238

说"玩物丧志" 246

初版后记 255

后　记 258

小 引

陈平原

往日未必真风流，只不过夏君好古，故常能忆及"过去的好时光"。

绝非孤臣孽子，更讨厌真真假假的遗老遗少。夏君之怀古，与政治倾向无涉，纯属文化趣味。好古但不仿古，或者说不薄今人爱古人，使得夏君评古论今时通达宽厚，不刻薄，也少调侃。偶尔发现一点先贤的小破绽，也都一笑置之，无意于穷追猛打，更不想打破"过去"的偶像。

明知没有特异功能，只因爱看侦探片，夏君顺带着喜欢坐在电视机旁，凭直觉侦破刚刚发生的国内外大案要案——当然，成功率不会太高。以此脾性阅读古书古人，不免常于无疑处见疑。平日里柴米油盐、东西南北，老理不清头绪；唯独此时感觉格外灵敏，常能读出点与众不同的味道来。

太平盛世，时人或者对时间的流逝不大在意；唯有易代之际的文人学士，最能感觉物换星移，也容易有一种苍凉的历史感。夏君于是对明清之际和清末民初的士大夫命运及其心理格外感兴趣。

既不想借古讽今，也不期望回到过去，不过借助时间的洗涤，少点尘世的喧嚣。还是和常人一样逛商场、挤公共汽车，只是静夜沉思，多了个回味的去处。只要是即将沉入历史深处的，都可能成为夏君关注的对象。可惜对大熊猫没有多少好感，对绿色和平组织的宗旨也还不大了然。至于搜集粮票、抢购禁书、收买古钱和文化衫，也都有始无终。尽管总想收藏点或俗或雅的历史文物，可命定永远成不了收藏家。主要还不是因住房太窄，或经济实力有限，而是"乘兴而行，兴尽而返"，并自诩是"跟着感觉走"。

照夏君的说法，"玩物"就必须"丧志"，老想着日后如何派上用场，那叫"工作"，不叫"玩"。如今夏君把这两年追寻古人心路历程的若干短文集成一册，不知是在研究历史，还是在品味人生？抑或两者兼而有之？

1996年7月7日于京西蔚秀园

才子、名士与魁儒
——说王韬的"豪放"

在晚清的中国人中,王韬可算是个名人。他率先游欧,首倡"变法",著述宏富,交游广泛,不仅国人耳熟其名,在国外知名度也甚高。倘若描述其人的性格,怕只有"豪放"二字最搔到痒处。

其实,王韬本人已有如是说。他尝撰《弢园老民自传》,自言不喜八股,"虽勉为之,亦豪放不中绳墨";又作自传体小说《天南遁叟》,自称"长于诗歌,跌宕自豪,不名一家"。而摒弃时文,好弄诗笔,均由豪放之性使然。二三十岁在上海,人有戏言:

> 吴门王胖,其才无双。
> 豪具北相,圣压西方。

牛马精神，猿玃品概。

日试千言，倚狗可待。

（王韬《寄钱昕伯茂才》）

五十余岁重回沪上，邹弢往见之，记其"虽两鬓已苍，而谈笑诙谐，犹有豪气"（《三借庐笔谈·天南遁叟》）。终其一生，自少至老，王韬始终以豪放之态与世人相见。

虽说是"江山易改，本性难移"，王韬却在这本性上吃过大亏。他既因豪放不羁，与八股格格不入，又非富家子弟可由捐纳得官。要想出人头地，在仕途上有所进取，性之所近的便只有养高名以动世、建奇计以立功了。《天南遁叟》中写他十六岁（实为十八岁）考中秀才，贺客盈门，他却不以为意，言其志曰：

区区一衿，何足为孺子重轻！他日当为天下画奇计，成不世功，安用此三寸毛锥子哉！

此话倒不全是矫情。佣书于英人麦都思所办墨海书馆，在他并不视为上策，常有"劳同负贩，贱等赁舂"的屈辱感，只是为衣食计，才明知"托迹侏㑊，薰莸殊臭""获罪名教，有玷清操"（《奉朱雪泉舅氏》）而不顾。尽管遭人讪笑、攻讦，然而一往十余年而不返，仍可见出其人性情。不过，当作正经事业来做的，其实还是上书建策。

总算不是"英雄老去，机会方来"，太平天国革命与第二次鸦片战争的"乱世"，正是王韬寻求"成不世功"的良机。其间值得一提的有三件事：一是他三次写信给江苏巡抚徐有壬，代筹"御戎""平贼"策，而以对付外患为主；一是先后两次向江苏布政使吴煦献"却贼杀贼"之计二十条、"杜贼接济"之计十四条，专以剿灭太平军为急务；一是借探母病回乡之际，化名"黄畹"，向当地太平军首领、苏福省民务官刘肇钧上书，建议夺回安庆、缓攻上海。前两次还算"正途"，只是因徐氏早死，王韬的豪宕不检又得罪了人，故未成功；后一次则纯属"险招"。关于此举的真实意图，王韬以后屡有表白："夫仆之初心，人所未喻，《南行》一诗，稍见厥志，所谓'置身豺狼近，杀贼先结贼'者也。"（《与徐子书》）确否如此，还不能肯定。但不论出于何种考虑，没有些胆量豪气的书生总做不出来。此信很快被清军收缴，王韬险遭杀身之祸，逃亡之余，他还要为"奇计未就，谤书已来"（《与田理荃大令》）遗憾不已。出奇制胜的"不世功"没能建成，又差点丢掉性命，这一次的打击对于"自负奇杰"(《上江翼云明经师》)的王韬来说实在太沉重。

得英人保护遁居香港后,王韬已悟到此次落难与其豪纵性格不无关系,在给女婿钱徵的信中即有表露:

> 往时诗酒征逐,兴酣耳热,辄与诸故人抵掌论天下事;至无可如何处,眦裂发指,或为阮籍哭途,或作灌夫骂座,以故礼法之士嫉之如仇。放废以来,久为时流所唾弃,境遇堙塞,气概顿尽,不复作此态矣。

是否均为天下大事结怨于人姑且不论,在灰心丧气之时,王韬有意深自敛抑,原很自然。不过,上书惹祸究竟只是阻塞了他直接从政的路子,并没有断送其成名的前途。何况,从不世之功一转而为名山事业,这对留心古今、兼及中外的王韬并不困难。而他作为《循环日报》的主笔一旦打开局面,《普法战纪》等书为他在国内甚至日本赢得了声誉,王韬就更没有必要过于委屈自己了。

本来,以王韬这种性格,做文士还勉强可以,入官场则绝对不行,"动辄得咎""人皆欲杀",便是前辈大有体会之言。王韬不知就里,勉为其难,当然要碰得头破血流。而经此重创,加之年龄渐长,阅历渐深,豪气不除的王韬总多少有所改变。

《瀛壖杂志》出版时，王韬已近五十岁。他赠书与妻兄杨引传，得其"锦心绣口"之誉，大不以为然，理由是：

> 夫人生少为才子，壮为名士，晚年当为魁儒硕彦。

而"'锦心绣口'四字，犹是才人本色"（《与杨甦补明经》），与王韬自认已经步入的硕彦境界相去太远，难怪他不领情。不过，他这番由才子而名士而魁儒的自我总结，倒是予我们的题目以极好的提示。

初到上海的王韬，正值才子向名士过渡的阶段，其豪兴便表现为清狂、放荡，甚至带有几分洋场才士的无赖气。恃才傲物，讥评时人，是他此时的惯态。稍有余裕之后，买醉黄垆、访艳青楼也成了家常便饭。无论何事，王韬只是一味任性直行。他为李善兰向人讨要《九章算术》与《数学九章》刊本，将孙瀫所编词选四册径送熟人强其代售，这还都是出于帮朋友的忙。而李善兰把从他手中交换得来的围棋两盒送人后，王韬又借口"本我家故物"，像个贤孝子孙一般向得主索求，则全是为自己快意。朋友之间，他更是无所顾忌。他想喝酒，便写信给孙文川：

今晚拟造高斋,效康骈剧谈,风雨过从,亦最难得事。……昔者元直访水镜而呼餐,楚元为穆公而设醴,敢援此例,以告足下。但当目为酒人,幸勿诃为恶客也。

他缺钱用,又送诗给孙文川:

今朝又是花朝了,早起诗成酒未酤。
偶忆孙郎多诺责,酒钱还肯送来无?

孙氏也真可人,每一次都不让他落空。

而王韬将施之于朋友间的故伎重演于官场中人,却往往碰壁。他有《岁暮干人书》,是写给已解职的原苏松太道吴健彰的,虽然文采飞扬,主意只在要钱:"减太仓一稊之米,已饱侏儒;注大海半勺之泉,即苏涸鲋。"书去,吴氏迟迟不理会,令王韬大生怨恨。在日记中虽然自责"贬节以谋利,吾诚过矣",但接下来就大骂吴健彰为酿成上海小刀会起义的罪魁祸首,"将来邑志中载其秽迹,定不曲笔相宥"。并且说,他在此前写给吴氏请其捐资刻书的一封信中,已"隐约其词,盖有挟而求耳,而不虞此老竟漠然置之也"。有意敲诈,未遂则恨恨不已,岂不很有些痞气?

王韬的纵酒、好色本来像他的吸鸦片一样,并没有多少深意。但他既自视为奇才,一般行事,在他说来也就有了非同寻常的理由。这一时期,他最喜欢提及的古人便是魏无忌。信陵君有救赵存魏的大功,晚年因受魏王猜忌,"乃谢病不朝,与宾客为长夜饮,饮醇酒,多近妇女"(《史记·魏公子列传》),后竟病酒而亡。王韬要高自标榜,于是引魏公子为同调。以他的体质,本应戒酒,然而他拼命痛饮而不稍加节制,自解为:

> 信陵之醇酒妇人自戕其身,周伯仁之过江无三日醒,刘伶之荷锸便埋,此皆中有所郁结,托麴君以自晦,谓世上无可言,而醉乡有真知己也。然韬岂真能好酒哉?偶过饮,胸鬲便觉不快,晨起,头即岑岑然。加以体素患热,痰灼唇裂,与酒甚不宜。而犹不肯轻放杯杓者,以群公衮衮,不堪醒眼对之耳。

因此,越是警报频传,他饮酒狎妓的意义便越深刻重大,所谓"时事至此,何从下手,只索痛饮耳"(《与龚孝拱上舍》)。听说太平军攻下苏州,他最先想到的是:"此间弹丸一隅,未知属于何人。使其果至,书生当杀贼而死,以报我国家耳。幸其未来,当及时行乐。"遂先往酒楼,"酒饮无算爵";再去宿娼,尝试"生平未尝一至"的"台寄"("小家女子可以托其招致,谋一夕欢")风味,颇有"牡丹花下死,作鬼也风流"之概。对人说起,仍是"余今日之所为,亦信陵君醇酒妇人之意也"。因而,他吐露其壮志伟愿的方式自与常人不同,常在酒足饭饱、拈花惹草之时慨叹:

噫!今日中原,豺虎纵横,干戈扰攘,得享清福、领略闲趣者,能有几人?能有几处?思至此,不禁慨然有澄清天下之志。

要说时局对王韬的兴致全无影响,也不尽然。起码其好友管嗣复从常州脱身至上海,向他讲述沿途所见杀戮惨况,又同去勾栏吃枇杷时,王韬便会因想到枇杷的产地已为太平军攻占,而"食之颇不能下咽"(均见《王韬日记》)。

不管是否有意模仿,王韬的这些举动总令人想起魏晋名士的作派。最明显的是生死这种大关节,在王韬口中也说得十分轻易。其友郭福衡自松江来信,谓太平军一到,他即以死报国。王韬嘉许其志,与友人聚饮时,便"请与诸君各浮一大白,以决郭君之必能死也",并声称将为其收骨树碑,上刻"清故忠烈贞士郭君之墓"。但复信给郭氏时,王韬又要他"暂至此间,亦可与友朋数日聚首。果其大事决裂,死亦未晚"。而且王韬认为,在上海死比在松江死名声更好:"且云间城陷,仓猝自殉,人以为避贼不及而然耳;何如在此间从容就义之为更美乎?"这种思路,非名士习气极重的人不会有。实际上,随着年龄的增长,王韬的成名之心也愈炽。日记中常见"头颅三十,未能成名,殊自愧耳""顾尚未能忘者,名耳"一类话,后来,他也向人坦白过,在沪时,曾"妄欲以虚名动世,求于时下名士中厕一席"(《与杨醒逋书》)。既存此心,在放浪形骸、但求自适的同时,也难免沾染上名士的虚矫气。

1860年在上海,王韬还信誓旦旦地表示与太平军不共生,要学鲁仲连蹈海而死;仅仅过了一年多,便有上书太平天国事;继而又一遁千里,并未践言。可见文人的话,当不得真。正是因其避难香港,这才有了从名士进为魁儒的王韬。

此时,这位"三吴甫里之狂客"显然已变得颇为持重。尽管喜谈时务、上书言事的习气不改,而曾国藩、李鸿章、丁日昌等一时重臣均有意招之幕下,王韬却一概辞谢，宁愿作局外人参划谋议。晚年，他也还请人鬻书以佐刻资，不过言辞之间已十分慎重。他甚至吟出过"才不能奇未敢狂"（《粤中赠卓司马湘兰》）的诗句，猖狂之态确实大为收敛。但是，"未敢狂"恰恰道出其狂气未除，只是由外转内，不再似前期咄咄逼人而已。同样，他也不拒绝虚名。"长毛状元"的传说从其《循环日报》同事口中传出，而王韬并不曾加以更正，焉知他不是因为这件与太平天国有关的事纯属无中生有，对他不构成危险，且颇能耸世动听，才喜欢保留这个神话？最能见出真性情的到底还是他的文章。著书立说乃儒者分内事，何况其豪情逸兴借此一端才能发露无遗。不轻易臧否人物，倒正好纵论时事，"以胸中所有悲愤郁积，必吐之而始快；故其气磅礴勃发，横决溢出，如急流迅湍，一泄而无余"（《〈弢园尺牍续钞〉自序》）。

至于醇酒、妇人的嗜好，在王韬本无意放弃，也确实终身不变。1879年东游日本，王韬已五十二岁，却仍载酒旗亭、看花曲院，兴致甚高。日本文士喜谈风月的习俗与他一拍即合，使他如鱼得水，以致竟有"天壤王郎，欲以十万黄金购尽东国名花"（《与余元眉中翰书》）的狂言。只是这个"王郎"毕竟年纪大了，偶尔也会被"东国名花"冷落，于是王韬作诗曰：

> 黄金费尽买来愁，垂老颓唐花见羞。
> 只待十年容色改，那时看汝尚风流？

日本人士见其"知命之年尚复好色，齿高而兴不衰"，也不禁生疑。王韬却答道：

> 信陵君醇酒妇人，夫岂初心？鄙人之为人，狂而不失于正，乐而不伤于淫。具《国风》好色之心，而有《离骚》美人之感。光明磊落，慷慨激昂，视资财如土苴，以友朋为性命。生平无忤于人，无求于世。嗜酒好色，乃所以率性而行、流露天真也。如欲矫行饰节，以求悦于庸流，吾弗为也。王安石囚首丧面以谈诗书，而卒以亡宋；严分宜（按：即严嵩，江西分宜人）读书钤山堂十年，几与冰雪比清，而终以偾明。当其能忍之时，伪也。世但知不好色之伪君子，而不知好色之真豪杰，此真常人之见哉！（《扶桑游记》）

比起从前的矫饰，这话可算是极为坦诚。先圣有言："食色，性也"（《孟子·告子上》）；"饮食男女，人之大欲存焉"（《礼记·礼运》）。这就难怪王韬振振有词。只是一味"率性而行"，不说有伤风化，至少也是自戕身体。王韬晚年自称"药炉茗碗，独遣良宵，几于一月二十九日病"（《与马眉叔观察》），便是纵欲过度的结果。

虽然王韬对"信陵君醇酒妇人"有了新解，但一回到国内，环境的压迫还是使他不由自主地在原来的意义上使用这个典故："入春以来，羌无好怀，非药炉茗碗长夜无聊，即载酒看花跌宕风月耳。信陵醇酒妇人，借以消愁排闷，岂真溺而不返哉！其心独苦也。"（《与杨醒逋明经》）而在饱经忧患之后，犹出此语，也显得颇为沉重。

旅港时期，王韬尚友古人，魏公子之外，还多了一个杜牧。杜牧知兵法，有谋略，曾著《罪言》等文讲论治乱战守之道；又性喜征歌狎妓，留有"十年一觉扬州梦，赢得青楼薄幸名"（《遣怀》）之句。王韬南来后，自号天南遁叟，解释"遁"之意为：

> 磨蝎在宫，天谗司命；斯世忌才，所遭尤甚。贾谊献策，杜牧谈兵；拂意当事，便成罪状。遐荒闼采，含素养贞；吁嗟绝岛，乃容我身。此"遁"之所由来

也。(《〈弢窟谰言〉自序》)

显然是把自己的上书与杜牧的著论一体看待。他的《弢园文录外编》与《弢园尺牍》多为政论文字,因此也称之为"杜牧之《罪言》"(《弢园著述总目》)。而在日本所作的赠妓诗中,王韬更屡次以杜牧自比。杜牧在筵席上看中紫云,向主人讨要(见《樊川外集·兵部尚书席上作》),这也成了王韬诗中常用的典故:

座中岂有樊川在?怕发狂言乞紫云。

除了遭际不遇的相同点外,有经世安邦之才与风流俊逸之情,正是他思接千载选中杜牧的原因。何况杜牧还留下了不少传世名作,这也比魏公子更切合晚年的王韬。

1989 年 11 月 8 日于畅春园

(原刊《读书》1990 年第 1 期)

心存救济利名轻
——说郑观应的"恬淡"

广东香山，在近代以地理之便，得风气之先。先后诞生其间的郑观应与孙中山，年纪相差不过二十四岁，却恰好可以取为代表，标示出中国资产阶级历史发展的不同阶段。时代进步的疾速，亦于此可见一斑。孙氏其人其事，人尽能言，有必要略加表扬的是郑观应。

以文而论，郑氏的《盛世危言》在晚清可算是名著。该书纲目并举，阐发自强之道，要求采西学、设议院、兴学校、重实业，使"人尽其才""地尽其利""物畅其流"（《〈盛世危言〉自序》），在当时，确属精言伟论，人所不及。其书一出，即有多种版本翻刻流行于世，郑氏本人也一再修改，屡有增删。戊戌变法前几年，又经礼部尚书孙家鼐、江苏布政使后升任安徽巡抚的邓华熙等迭次推荐给光绪皇帝，由总理衙门刷印两千部，分发众大臣阅看。郑观应之名，也因之腾播朝野。以事而论，郑氏历任太古洋行轮船公司总理、上海机器织布局总办、上海电报局总办、轮船招商局帮办、汉阳铁厂总办、广东商办粤汉铁路有限公司总办等显职，其才干深得洋商以及洋务派官僚李鸿章、盛宣怀等人赏识，由买办起家，最终成为商业资本家，死后留给儿孙一笔虽不算巨额却也相当可观的遗产。如此立言行事，与陶渊明一类隐士高人似乎全无相通处，然而，知者品评其人，每以"恬淡"相许，岂不怪哉！

郑观应有《盛世危言后编》，为之作序者四人，虽然持论不一，或推崇其文章为富国强兵之要旨，或褒扬其道德有修己致人之美意，但"性情恬淡"，倒是双方一致乐意奉献的共识。欲知其全人，先须读其全书。郑氏何以有"恬淡"之誉，只看《盛世危言》不能明白，即使读过《易言》与《救时揭要》，也仍然难以了悟；非得浏览《盛世危言后编》《罗浮偫鹤山人诗草》(包括《谈玄诗草》)，对其编印的《陶斋志果》《富贵源头》《成仙捷径》《因果集证》等果报故事，以及《群真玄奥集》《道言精义》《道法纪纲》《还丹下手秘旨》等道教典籍略有所知，才可明其就里，作出判断。

作为商人，郑观应无疑相当精明、能干。他熟谙商贾之道，精于算计。无论是参与太古轮船公司的创办，还是三入轮船招商局，所至之处，都为扩展企业经营规模立下了殊勋。中国近代史上，在受雇于外国公司的同时，又被委以各种洋务企业的要职，甚至千方百计将其从洋行挖出，专为我用，此等幸事，似乎仅见于郑观应一人。不是为其精通商务，头脑灵活，何苦费此心思财力？然而，就是这位以精干著称的颇为成功的近代实业家，竟然对神仙、长生一类今天称之为"封建迷信"的谵语妄言深信不疑，并且屡次上当受骗而终身不悔，倒叫人大为惊异。

求道在郑观应一生事业中占有何种地位，翻开《盛世危言后编》即一目了然。全书分十五卷，赫然置于首卷这一最重要位置的，正是"道术"，以下依次才是学务、立宪、政治、军务、开垦、工艺、商务等郑氏兢兢业业为之奋斗一生的事功。《自序》中明言其意：

> 首卷言道术，即正心修身、穷理尽性、至命之学也；二卷至十五卷言治道，即齐家治国、安内攘外，自强之说也。

前者是道是体，后者是器是用，孰重孰轻，已再清楚不过。而其所谓"至命之学",一大半是修仙学道,与宋儒之说没甚相干。不过,若以淡于名利、超然物外为"恬淡",便总与老庄沾亲带故,那么,郑氏的入道正是将其推至极处。

郑观应的学道算得上持之以恒、历史悠久。丁巳年(1917)元旦有《上通明教主权圣陈抱一祖师表文》(同时有上张三丰祖师表,文同),时年七十六岁的郑氏,一开篇即表白其信仰之诚:"窃官应童年好道,于兹五十余载。"推算起来,二十岁左右,他对道教已发生浓厚兴趣。抛开那些故弄玄虚的解释,比较切实可信的起因,是郑氏的治病心切。与家人书有云:

> 余少年多病,爱读仙经养生之书。(《致月岩四弟书并寄示次儿润潮》)

编刊吕洞宾、张三丰显迹诗歌时,更言之恳切:

> 官应弱冠时婴疾病,自念"人为万物之灵,岂有寿不如龟鹤"。锐志求道,凡三教经诗、诸子百家、占卜术数之学,靡不研究。(《吕纯阳、张三丰两祖师〈仙迹诗选〉序》)

对家人没必要撒谎，为启人向道也须说得实在。尽管对于真正的宗教家来说，如此求道未免过于形而下，但"病急乱投医"本是情有可原，何况郑观应深受哮喘之苦数十年，年益老而病益剧。今人既可以笃信气功疗法，郑氏求助于道教养生术以祛疾健身，自然也无可非议。

初心虽不过如此单纯，到底还要相信"信则灵"。郑观应入得此门，便如同他的经营商业与著书立论一样，锲而不舍，必求有成。于是越走越远，溺而不返。由养生而信神，由静坐、炼气而问乩、求丹，终于走火入魔，堕入左道。他曾力辟以神仙为荒诞之说，对于"先贤程子谓：却病延年则有，白日飞升则无；欧阳公谓：养生之术则有，神仙之事则无"的确论，也不以为然，理由是神仙"无代不度人，历历可考"（《答梁道友重刊〈海山奇遇〉序》）。而其确信不疑、言之凿凿的根据，又尽在道教书中，"道书所载神仙显迹则斑斑可考"（《吕纯阳、张三丰两祖师〈仙迹诗选〉序》）。如此循环论证不足以服人，倒正好显示出其人的执迷不悟。

郑观应的虔诚尤见于行事。道士从这位精明的商人手里骗钱，直如探囊取物一般容易。尽管屡呼上当，他仍是"有应必求"。1918年，其时在郑观应死前不过四年，湖南道士杨海秋至上海设坛。郑氏得知后，也前往叩求符水仙丹。据说："是日虔诚求祷，丹自空落下，大如东珠。郑君服之，是夕痰喘已愈过半。"杨海秋又捏造吕洞宾乩谕，声称"上海将有大劫"，须开坛建醮，命郑观应"维持"。郑氏竟也信以为真，奉为神旨，且引为荣幸，放下商务，专心创办上海道德会，发起募捐。只是限于财力，申请改大办为小办，居然由他所信奉的祖师吕洞宾转奏玉皇大帝，准如所请。遂拟集资一千余元，设醮四十九天，以感动上苍，降下天符，挽回劫运。郑氏少不得大掏腰包。他的上乘表现，倒也换来了道士假造的吕祖师赞语："郑生如此与吾竭力，不枉吾一片苦心。哈哈！幸也，乐在其中矣！"这一派胡言乱语，却被郑观应郑重其事地写在《代上海道德会拟募捐公启》《致萧君文斋书》《代道德会拟募捐上海建天醮公启》诸文中，并收入《盛世危言后编》卷十五"杂著"内，作为平生善事传之后世。

在宗教信仰的芜杂上，郑观应也和中国民间社会并无两样。他虽以崇信道教为主，但还旁采博收其他带有神秘色彩的宗教以及等而下之的迷信说法。他为《神相证验书》作序，肯定"相由心生"的算命术；与欧阳伟南、胡滋甫等地师通信，讨论风水，并撰《望气寻龙诀》，阐发堪舆术。种种行为，已与求医无关。倒是因踏入商界，面对翻云覆雨、难以预测的行情，不免抱侥幸心理，又想为子孙积财，于是信奉"积善之家，必有余庆；积不善之家，必有余殃"（《易·坤》）。糅杂了佛教的因果报应之说，郑观应用以实践古代格言的多行善事，便不仅包括了大力赈灾及劝人赈济以获福报，而且虚掷金钱于各种各样巧立名目的宗教迷信活动。协助道士为"上海之劫"禳灾，尚有推己及人的公心；请风水先生相地，则全是为自己打算。自述"计共已购地数十穴，以为拔十得五，不料竟未获一吉壤"。于是自己潜修，"暇即览峦头理气诸书，复与名师登山辨星辰、寻吉地"（《与欧阳伟南地师书》）。连1914年预留遗嘱中，也一一开明所购各地气脉如何，何者可用，何者可沽，生怕子孙错误处置，凶多吉少。用心如此，自是因为按照果报的说法：选择吉地迁葬先人，自身可望得福；自择吉地预安己身，子孙当受好报。而无论哪一种卜地，动机都是为一己之家求取"余庆"，考虑问题的方式仍是现世的。

　　看重现世，本是道教的特色。世上虽然未必没有传教度人的有德道人，但同样无可否认，绝大多数方术之士都以骗钱为宗旨。即如郑观应倡议建修真院以培植传道救世之才，何等庄严、神圣的事情，只因上吕纯阳等诸位祖师禀帖中有捐银"如收足四十万元,即停止不再收矣"一语,不对多多益善的道士的心思,在代为批复的神谕中,即假传仙旨,命"将'停止不再收'之语删除",透出的仍是一股世俗的铜臭气。

郑氏对术士行骗的伎俩未尝没有觉察。在《上张三丰祖师疏文》中,他曾经痛心地向祖师爷禀陈自己的坎坷遭际:

> 待鹤求道已五十年,凡有道之士,靡不执贽求教,指示迷津;凡有善事,无不尽力倡助,冀消魔障。奈夙孽重,德行薄,虽不惮跋涉,北至京奉,南至闽浙,东至芝罘,西至巴蜀,曾经护师入室:(以下历数所请法师之地域、人名、次数,略)均已行功数月或年余,小有应验,无大效果,不能如《金丹真传》所论立竿见影,行之五月而体貌异,九月而丹成,竟失所望。……访道曾遇法师云峰山人,许授长生符水治人之术,并携资代为择地筑室同修,约于乙卯年春,伙耿师祖来传符法,并赐神丹,以除喘病。待鹤以为奇逢,可继宋朝罗浮真人所赐八十老翁苏庠之神丹,服后大病立除,须发再黑。不料逾期已久,渺无音信,

又不知云游何处。

虽然还不灰心,欲祈祖师张三丰向云峰山人转致其意,"以慰痴望",到底上当次数太多,故终于发觉"世上借道骗钱者多"。

在一次次的请教无效、反受其累、大失所望之后,他也曾产生过疑虑、抱怨以至愤懑。不是说"善有善报,恶有恶报"吗?偏偏"我之于人,怨以德报;人之于我,恩将仇报。凡此种种,均付诸因果,不与较量,逆来顺受而已,不知魔障何来"?不是说"百二十岁犹可还丹"吗?为什么求道五十余年,迄无效验,"自顾行年七十有六,且时患痰喘、便血、遗精等证,犹如老年破烂之屋,七穿八漏",真的如世人所谓"年老多病不可修"吗?(《致张静生道友书》)要论虔诚,郑观应确实无以复加,不仅外人"多目以为痴者"(《吕纯阳、张三丰两祖师〈仙迹诗选〉序》),而且家人亦不能理解,"受室人交谪,各亲友引为笑柄"(《致张静生道友书》)。

处此境遇,若以为郑观应会回心转意,幡然悔悟,抛开仙道,那就大错特错了。宗教徒的思维逻辑总与常人不同。犹如唐僧的必定历尽九九八十一难,方能取得真经,郑观应最终还是相信他前世罪孽深重，修行积德不够，因而甘心受骗，自觉接受永无休止的考验，并回报以更坚定的信仰，来博取上天的赦罪开恩。

如果信道只为自己及儿孙打算，即使得道，也嫌自私，与"恬淡"的淡泊处己之意仍然不合。幸好，郑观应的学道还有更宏伟的目标，即以"救世"为己志，这就使他的宗教活动带有若干近代的和悲壮的色彩。

喜欢征引西方事例以证明神灵存在，尚属表层的"近代化"，诸如"美国博士《鬼语》一书，似与道家出阴神及乩语相类"（《致化学黄君邃之……书》）的比附，其间恐怕少不了误解。近代精神的显现还有远为深刻的内涵。

古代读书人的处世哲学不外两条："达则兼济天下，穷则独善其身。"生活在近现代之交的中国社会，面对内忧外患、危机四伏的现实，经历了"亘古未有之奇变"的郑观应于是不肯再遵守传统的出处之道，未入仕途，仍想问政：

> 既不能兼善天下，又不肯独善其身，故欲借修仙以求偿救世之宏愿。（《致吴君剑华、何君阆樵书》）

此路是否行得通不必论，而其救世热忱，则与近代诸多爱国之士一脉相通。在《致天津翼之五弟书》中，他自述过异于常人的少志：

> 兄志大才疏，恨无实际。少时有三大愿：一愿学吕纯阳祖师得金丹大道，成己成人；二愿学张道陵天师得三甲符箓之术，澄清海宇；三愿学张三丰真人得黄白之术，令各州县多设工艺厂以养贫民，并设格致学校以育人材。

无论是学炼丹、画符还是点金术，主意都在拯世济民。这三大愿后又扩充为五大愿。随着第一次世界大战的发生，郑观应的救世之志也由救中国推及救世界：

> 当此欧洲大战牵动全球，哀黎遍野，死伤无数，火器之酷烈，其惨状为从古所未有，不得已谨沥愚忱，干渎列圣，同乞上帝施恩，通饬已发宏愿救世度人之仙、佛降世，尽灭火器，并准智士炼黄白，振兴实业，普济灾黎，以工代赈，老安少怀，同歌盛世。

而其五大愿亦气魄非凡：第一愿，合各教为一教，在世界各国设圣道总院；第二愿，由圣道总院培育人材，以应各地圣道分院传教之需；第三愿，运法力降服恶魔，消灭火器，使五大洲生民安居乐业；第四愿，以点金术所成之金银用于慈善事业、学校及工农业生产，使野无旷工，国无游民；第五愿，圣道总院监督由各教主公举，实行任期制，有选派分院教长及派遣监察各项公益事业人员的权力（见《上通明教主权圣陈抱一祖师表文》）。这样完整、宏大的宗教救世方案，明显映出西方乌托邦主义的影子，非近代宗教徒，绝对想不出。

郑观应的五大愿显然经过深思熟虑，文集中屡次提及，知者亦加揄扬。如其八十岁生日小影，潘飞声题词为："发五大愿，著十万言。文章救国，是道所尊。"许炳璈题词为："大德昭宣，危言彪炳。五愿宏持，七教兼并。此愿无尽，此身无尽。日月山河，千秋永并。"林福成的题词也有"人老神强，发五大愿"之语。诸人均在此大作文章，不为别的，只因"五大愿"确能显现出郑氏的真精神。而后世弘一法师的"念佛必须救国，救国不忘念佛"，本该引郑观应为同调。

对成道救世的念头如此着迷，以致翻开郑观应诗集，此类诗句触目皆是。如：

> 不愿封侯愿学仙，周游世界历三千。
> 龙沙大会期先赴，麟阁勋名振后贤。
> 能止气球抛炸弹，全凭法剑靖烽烟。
> 五洲震慑干戈息，行满功圆入洞天。
>
> （《狂吟》）

而因救世心切，他对电光一闪、万里诛妖、除暴安良、斩邪扶正的剑仙便格外景仰，曾辑补《剑侠传》，序曰："仙之道实足以补天地之缺，济儒道之穷。"其所以著书，正为了"悯世宙之横逆，慕仙人之神妙，每以剑仙一流于世为宜、于用为切"（《致吴君剑华、何君阆樵书》）。在一个有强权无公理的世界，书生无用的感觉更形强烈，剑仙将平等的理想付诸实行的能力便特别为人看重。郑观应自称：

> 弟凤慕玄宗，欲道成救世。继思缓难济急，转而欲学剑仙，冀求速效。（《致王君静山书》）

也是着眼于此。虽然又是遭人诓骗，一无所成，但学剑仙之举毕竟证明郑观应的求道还是以救世为旨归。一位疾病缠身、风烛残年的老人，尚有这样一颗期于用世、急于救人的拳拳之心，不是很令人感佩吗？虽然他选择的是一条荒谬的实施途径。

成人先成己，救世须道成。既然如此，郑观应的求仙方、愈痰喘也不全是一己之私事，而是负有重大的使命。郑氏屡次乞赐神丹，都以"喘病未痊，人不我信""大道难成，行将羽化"（《上通明教主权圣陈抱一祖师表文》）打动仙师。即是说，丹到病除于仙家可弘扬道法，自己可遂愿救世，这自然"非特官应一人之幸，亦同人之幸也"（《致万雯轩先生书》）。他的学道也与一般不择手段之徒相异，总是辟旁门、走正路，坚持"性、命双修"，鄙视盛传的采补之术为邪说，以为："自古及今，神仙断无损人利己之事，万不可学也。"（《致梁纶卿道友书》）其修道中体现的道德意识，同样源于救世之旨。

只是，仙师能延他人命，却无法保住自己长生不死。郑观应学养生、炼气功到底还有效果，以年老多病之躯，仍活过八十岁。而他晚年师从的道士万雯轩（式一子）则非但不能久视，反先他而去。《追忆万式一先生》写出了郑氏的凄凉心境：

忆闻跨鹤泪沾巾，虚约仙槎问去津。

未得传衣夸入室，曾观演法露全真。

素琴弹落天边月（师好弹琴），玄酒倾残瓮底春（用张仙句）。

桃李满门书满架，疑团满腹向谁询？

万氏的仙逝确让他颇为寒心。万氏一既自称为宋代道人陈显微（抱一子）的弟子，并曾被"授以天元秘旨，嘱为广传大道"（万氏《〈盛世危言后编〉序》），又以此缘分获得郑观应的崇信。那么，由万氏之死，本可以推证出为《盛世危言后编》"道术"卷作序的陈抱一连同为"学务"卷作序的吕纯阳（洞宾），统统早已作古，两篇序文，不过是道士编造的"鬼话"，神仙之事纯属子虚乌有。可惜，郑氏并不作如是想，也不能作如是想。终其一生，饱经沧桑的郑观应从不曾放弃他的道教信仰，所谓"任他天外风云变，顾我壶中日月旋"（《闻噩报有感》），因为，最终不可改易的是他的救世之心："五愿无非救世音，任人狂笑我犹歆。"（《张三丰祖师赐诗次韵感怀》）

站在现代科学的立场，郑观应的学道自属愚昧无知，不值一谈；而注意人文精神的层面，则其宗教信仰仍有掩抑不尽的理想光辉与值得肯定的可贵价值在。著《盛世危言》、究心富国强兵之术的郑观应，与诚心学仙、发五大愿的郑观应毕竟是同一人，入世入道，方式不同，目的一样：

> 三著《危言》祝太平，心存救济利名轻。
> 贾生痛哭终无补，九转丹成问上清。
> （《敬步吕祖师呈仲离祖师原韵》其一）

著书无用，转而求神，郑氏对道教愈老愈坚执的心路历程已尽现诗中。于此，"恬淡"一词也获得了它的现代释义，即"心存救济利名轻"。

1990 年 6 月 23 日于畅春园
（原刊《读书》1990 年第 9 期）

傲骨原宜老布衣
——说林纾的"好名"

易代之际,每多奇言异行之士。不知是否骚动不宁的时代氛围改塑了人物性格,拗之向乖戾;抑或心有深忧巨痛,隐忍不能发,便沉潜锻造成一种与常人不同的性情;或竟是不能和光同尘于俗世,众人皆醉我独醒的孤独,造成了世人眼中的大不理解。明遗民中不乏此类狂士,著名的如归庄与顾炎武,便以"归奇顾怪"齐名乡里。

顾炎武的"怪"似乎比归庄的"奇"更不容于世,以致连好友归庄也要为其"迂怪"而"切切忧之",愿其"抑贤智之过,以就中庸",免招杀身之祸(《与顾宁人》)。而顾炎武的"怪",表现之一,即为曾经频繁奔波数千里,十余次往谒南京明孝陵与北京明十三陵。在《重谒孝陵》一诗中,顾氏记录了世人眼中自己的形象:"旧识中官及老僧,相看多怪往来曾。问君何事三千里，春谒长陵秋孝陵？"不被理解的顾炎武于是成了个"怪人"。

众多明遗民的出现本是大汉民族意识的产物。不料到了清亡以后，一批为清朝廷守节的遗老遗少，却又规仿明遗民之所为，岂不令顾炎武辈寒心、齿冷？就中行迹最像的，林纾算一个。

早年在家乡福州，林纾即有"狂生"之号。辛亥革命既成，林纾便决心"如孙奇逢征君以举人终其身，不再谋仕民国"（《上陈太保书》）；而他以六七十岁高龄，生前十一次远赴河北易县谒崇陵，也经人道破是"窃效亭林"（郑孝胥）。前说乃自表其心迹，故言之坦然；后说却不无讥讽意，故念之忿忿。

对"效顾"一语，林纾一直耿耿于怀。不但在《答郑孝胥书》中，反复言说"亭林之不宜效，弟早知之"，举《种树庐题壁》诗"频来枉学顾亭林"句，证明自己无心学顾，对于郑孝胥来函所称"一学即非亭林"，也表示深有领会；而且在《〈畏庐诗存〉序》中，他又重提此事，"集中诗多谒陵之作，讥者以余效颦顾怪"，"何不谅余心之甚也"。林纾所谓"本无取法亭林之心"，照他的解释，是"于亭林之考订，不愿学；于亭林之理财，又不能学"；至于文章，林纾一直自视最高，故"自谓不下亭林之后"(这话说得很谦虚，按林纾《与李宣龚书》中的说法："六百年中，震川外，无一人敢当我者。"则顾氏本不足道)，又何必学？但谒陵呢？不过是"古今事有暗合"，"无心偶类古人，亦不为病"(《答郑孝胥书》)。则其事其行，仍是本诸己心，自遂己志。

不知是否意识到学顾之中莫大的讽刺意味，郑孝胥才谓之学即不似，林纾才坚决予以否认。不过，真正刺痛林纾的，其实还是学顾背后的隐语"好名"与"做伪"。《〈畏庐诗存〉序》中，林纾即以"效颦顾怪，近于好名"二语撮述郑孝胥指责之意，所谓"不谅余心"的感叹，也多半是就此而发。在《答郑孝胥书》中，林纾更剖白申辩说：

> 弟自始至终，为我大清之举人。谓我好名，听之；谓我做伪，听之；谓为中落之家奴，念念不忘故主，则吾心也。

仍是不承认有好名做伪之心。

然而，林氏"好名做伪"并非郑孝胥一人之独见，近人李肖聃亦云：

> 纾为清举人，能文善画，不仕民国，以全其高，固其雅志之所存也。而必与鼎芬数拜崇陵以显其忠，以自托于遗老，是岂其中心之所发耶？抑慕此以为名高，而必标此以自高异耶？吾有友人以清逸民自许，所与交，必前代遗臣或清之旧族。纾之性亦近之矣。
> （《星庐笔记》）

这话说得更肯定。而与林纾一道谒陵的梁鼎芬，也被时人目为"好名做伪"，遭到非议。

单从谒陵一举便断言其人"好名"，似嫌证据不足。林氏也以不曾"语及同乡诸老"为己辩护。何况好名者并非一定为做伪之徒。本此，我们不妨稍稍翻阅一下林纾之集，择数例略加分析：谒陵既是为一己之心，林纾却又将数次谒陵诗公诸报端（载《公言报》），如若唯恐人不知，其间不无标榜之意。

为褒奖林纾以布衣身份甘为清遗民，溥仪曾赐他"烟云供养""贞不绝俗"等数幅字。林纾不仅"犬马衔恩，九顿伏地，呜咽不止"（《御书记》），如一般旧臣作感激涕零状；而且最令他引以为荣的是：

从来天语不轻锡("锡"在此读如"赐"),自问布衣无此荣。

(《少帝颁御书烟云供养春条,纪恩一首》)

呜呼!布衣之荣,至此云极。(《御书记》)

一诗一记,都在"天子"与"处士"的霄壤云泥之别上大做文章,以夸大清废帝垂顾的殊荣,正好淋漓尽致地写出了林纾心中的得意。

1916年6月,段祺瑞出任北洋政府国务总理的第四天,即屏去侍从,亲至林纾家,邀其充任顾问。林纾身为清遗民,又认为"若段氏者,罪浮于袁贼,直首乱之人"(《答郑孝胥书》),当然拒绝应聘。然而,内心深处,他也未尝不感激段氏的知遇之恩。有《段上将屏从见枉,即席赋呈》一诗为证:

乍闻丞相征从事,果见元戎莅草堂。
九诣谁讥刘尹薄,一家未为武安忙。
到门鉴我心如水,谋国怜君鬓渐霜。
云雾江天长寂寞,何缘辨取客星光?

此诗亦曾发表于《公言报》。事后林纾尽管对人解释为"虚与委蛇"，不过，段祺瑞透过云雾江天，能够发现他这颗与严子陵一样的"客星"，使他有机会表现天子有所不臣，还是满足了他的虚荣心。

段祺瑞在林纾眼中既为乱臣贼子，则其"智囊"、国务院秘书长徐树铮本也应成为不受欢迎的人。不料，因徐氏好谈桐城古文，见林纾必口称"琴师"，作恭敬貌，林纾即欣然以"吾友"相称，许其入弟子籍，不但出任其所办正志学校之教务长，而且文字交往亦多。徐氏曾评点《古文辞类纂》，林纾为作序曰："又铮长日旁午于军书，乃能出其余力以治此，可云得儒将之风流矣。"徐氏又好舞文弄墨，尝喜填词。林纾既作《徐又铮填词图》赠之，又为其吹嘘揄扬，恐"海内之名宿"未见其词，不肯为图题咏，"以余图为寻常酬应之作，故复为之记，以坚题者之信"（《徐又铮填词图记》），用心不可谓不周。只是"徐树铮军人干政，时论不予；而纾称为儒将，或者以莽大夫扬雄《剧秦美新》比之"（钱基博《现代中国文学史》），未免有因好名而失节之嫌。

又有赵尔巽谋为林氏弟子之事，结果虽与徐树铮不同，而性质相类。1921年，林纾七十寿诞，弟子们四处通告，向各界名流征集祝寿诗文绘画。清末历任四川总督、东三省总督的赵尔巽，此时正任清史馆总裁，也附庸风雅，致书转达"请署弟子籍"。赵氏长林氏八岁，又为显贵，如此屈尊就教，众人于是"大惊"。林纾虽"谢却之"，而心中实不能忘情，感激之下，便许其为知己。他曾作七律一首，诗题很长，详记做寿及赵氏请为弟子的经过，末数句云："昨日晤制军（按：指赵），意颇怏怏。感赋一章，以谢知己。"诗曰：

> 尚书求署吾门籍，骇汗群生措大疑。
> 有意降尊怜我老，不才何福受公知！
> 照邻久已宗前辈，文举安能屈大儿？
> 异日艺林述佳话，滑稽传外一传奇。

"滑稽"云云不过是虚晃一枪，最令林纾又惊又喜、兴奋不已的是，"前辈"居然翻愿作"大儿"，对他如此礼重，难怪林纾要称之为"艺林佳话"。收入《畏庐诗存》的这首诗在受宠若惊的基调外，也明显透出炫耀之意。

辛亥革命推翻了清王朝，迫使清帝退位，令林纾大为不满，自述"革命军起，皇帝让政，闻闻见见，均弗适于余心"(《〈畏庐诗存〉序》)。从忠于清室的立场看,林纾自应与革命党人势不两立。然而又有例外。1909年即加入同盟会的林述庆是革命党中的坚定分子。武昌起义后,他率部在镇江响应,光复镇江,被推为都督。江浙联军会攻南京,他以镇军司令身份,率军首先进入南京。他反对与袁世凯议和,在宋教仁被刺后,又公开号召反袁复仇,其暴疾身亡便很可能系袁氏暗害。林述庆卒前数月,曾请受业林纾门下学古文。林纾也摈弃政见,"但论文不论时事"。林述庆死后,林纾又据其军中日记,撰成长篇小说《金陵秋》,传扬其事。而此种举措,实起因于"将军之礼我"。所说"野老不识贵人,将军之来,何取于老朽"(《〈金陵秋〉缘起》),隐含着的仍是受到垂青的愉悦与舒服。

其他,像郭曾炘清末曾以礼部侍郎身份推荐林纾赴经济特科试,林纾虽辞而不就,却一直感念不已,作诗以"知己"相称(《七十自寿诗》:"此事不惟知己感");梁鼎芬将其《畏庐文集》送置镇江焦山,林纾也表示"余不能止也","一事累侬真不浅",而在不相干的题画诗中偏又提起此事,并披露报刊、收入诗集,不免沾沾自喜。

综上所述,林纾毕竟还是个无意从政的读书人,他最看重的乃一己之名,政治派别的考虑倒在其次。因而,在矢志忠清的同时,他也不妨与礼贤下士、更朝迭代的达官贵人周旋,并非首鼠两端,诚心做伪。

他与顾炎武到底不同。顾氏只作遗民不要时名,故曰:"能文不为文人,能讲不为讲师。吾见近日之为文人、为讲师者,其意皆欲以文名、以讲名者也。"(《与人书二十三》)有鉴于学者为名所累,被逼应试出仕,"常叹有名不如无名,有位不如无位"(《答李紫澜书》)。有人劝其"盍亦听人一荐,荐而不出,其名愈高",顾氏答曰:"今夫妇人之失所天也,从一而终,之死靡慝,其心岂欲见知于人哉?……若曰必待人之强委禽焉而力拒之,然后可以明节,则吾未之闻矣。"(《与人书二十四》)而林、顾所以不同,或许是因为时代已经不同了。

林纾其实也知道自己的毛病,自题七十像赞即有"名为知止,而好名之心跃如"的句子。这话还说在郑孝胥讥其"效颦顾怪,近于好名"之前一年。大约林纾只承认其肆力于文有"好名"的动机,而谒陵纯属"自尽其犬马恋主之心而已"(《上陈太保书》),不含杂念。而据我们考知,"尽忠"与"好名"本不相妨碍。

孔子早有教诲:"君子疾没世而名不称焉。"(《论语·卫灵公》)可见,"好名"并非为君子所不取,而恰是其美德之一种。不过要区分开"名"与"利"。古来尽有好名而不慕利的清介之士在,要名而不爱钱更是中国传统知识者的本色。林纾的做法并未违背古道。只是他的成名之路与一般人不同,可谓"特立独行",难免受人责难。

古代有所谓"终南捷径",即以隐求名,养高名以得显宦,故为人所鄙。林纾又不然。他既未仕清,且很早便不再参加科举考试,绝意仕进。相比起来,他倒是很单纯,只求名,不求宦,终南捷径只走了一半,即名是目的,不是手段。而他求名与众不同处,在"布衣骄人",用他的诗句,是"傲骨原宜老布衣"(《七十自寿诗》)。王室公卿作清遗民,是所宜有事,顺理成章;林纾则身为处士,本无君臣之分,偏不遵常道,做出谒陵等极显其孤忠的举动来。他又以一介儒生,与包括溥仪在内的显贵来往,力图平交王侯,感其知遇,而拒其征聘,感其知己,而拒纳其为弟子。凡此种种,其布衣身份适足以增重其名声。古时"小隐隐陵薮,大隐隐朝市"。林纾既不避居山林,真个逃名世外,又不跻身官场,恐怕同流合污,而是"今日王城成小隐,修篁影里掩柴扉"(《七十自寿诗》),在名利之薮中"心远地自偏",却又可以名动京师。

好名本无可非议,林纾真心诚意求名也可见其天真。

只是这种事一般说来是只可意会,不可言传。做得太露,求名之心太切,就要为人所忌。林纾便吃了这个亏。

1989年4月29日于畅春园

(原刊《中国文化》1989年12月创刊号)

海外偏留文字缘
——说黄遵宪的"真率"

晚清人眼中的黄遵宪只是个新派诗人,故至亲好友每每慨叹其"未能独当一面,以展其怀抱,仅寄托于诗"(黄遵楷《先兄公度先生事实述略》),而"事业文章之在人耳目者,则乃其平生之所不屑为"(梁启超《嘉应黄先生墓志铭》)。现代人眼中的黄遵宪则成了个改良派政治家,著《日本国志》,办《时务报》,参与湖南新政,推动戊戌变法,功莫大焉。黄氏本不甘心仅以诗名,明白说过"余事且诗人"(《支离》);而其正经事业全在拯世安邦:"盖其志在变法、在民权,谓非宰相不可;为宰相又必乘时之会、得君之专,而后可也。"(《与梁启超书》)如此期许,不可谓不高。然而辅君变法终于无望,临终作书,不禁有不堪回首之感:"平生怀抱,一事无成,惟古近体诗能自立耳,然亦无用之物。

到此已无可望矣!"(黄遵楷《〈人境庐诗草〉跋》引)以宰辅之才入世的黄遵宪,只以诗人之身辞世,在他自是最大的悲哀。幸而后世不乏知己,政治功绩被揭橥,虽然无补于生前,差可告慰于死后。

本来,无论是表彰其诗篇,抑或是赞扬其政见,都无不对。只是合二为一,仍然不是黄遵宪的"全人"。把"新诗人"的桂冠托付文学史,把"改良派"的头衔还给政治史,黄遵宪不会"一无所有",起码还有其真性情在。只是尚友古人,了解其性情原是最难的事,何况还要开口述说。

20世纪30年代的任潮曾在文章中这样描绘黄遵宪:

> 你看他,两颊和下巴瘦削地,倒也有点像猴子。头上戴着榄节帽,穿着一套古气盎然的马甲,道地的表现着中国的"本位的文化"。假如你在三家里碰着他,纵令不会怀疑他是个瘾君子,至少,也会说他是个"冬烘大师"。谁知道,这就是堂堂的日本公使,吃过洋面包的诗人!所以,你要认识他,除非是留心到他那暗溜溜的眼睛,放射出来的新颖而且迫人的光彩!(《黄公度》)

这是现代人从照片上看到的黄遵宪。虽也有"点睛"之笔，毕竟"本位文化"加"冬烘大师"，总是先入为主的基本印象。而倘若别除其中的贬义，两者所代表的其实正是纯儒风度。一脸严肃、一身正气的黄遵宪看着我们，使我们的想象不能逸出忧国忧民、修身治学之外。揣其性情，似乎只有古雅方正最合适。

更进一步，还可以读读《人境庐诗草》，不是说"诗如其人"吗？然而，经过黄氏本人整编的诗集，吟咏的也尽是些大题目。即使在"纪事之作，说理之作"以外，还有所谓"性情之作"，那性情也庄重得很。多了一点寂寞孤独与笃于友情的黄遵宪，仍然不失儒者风范。我们好像不可能再有别样的发现。但是，"读其书，想见其为人"，在大多数情况下实在并不可靠，可以想见的是已经被社会规范化了的"符号"，而非任性径行、真气充盈的"活人"。对于"纯儒"，尤其如此。难怪因人境庐诗中"惟绮语绝少概见，吾以为公度守佛家第七戒"而颇感遗憾的梁启超，读到黄氏摹写日本京都儿女载歌载舞、"所唱皆男女猥亵之词"的《都踊歌》时，会起大兴奋，庆幸窥破了其隐秘，"抚掌大笑曰：'此老亦狡狯乃尔！'"（《饮冰室诗话》）可惜这偶尔泄露的真性情，又是"借他人之酒杯，浇自己胸中之块垒"，无法指实；冠之以"陈诗以观民风"（《礼记·王制》）的堂皇名目，也算是儒者本分，可以与一己之私情无干。

尝试从照片和诗集来认识黄遵宪，难保不走样变形。而古往今来诸多骚人墨客，其真面目全为后人所知晓者又有几人？在他们，未尝不是幸事；在我们，则是不小的损失。幸好黄遵宪的情况有所不同。一部偶然保留下来的《黄遵宪与日本友人笔谈遗稿》（郑子瑜、实藤惠秀编校，早稻田大学东洋文学研究会1968年版），足以纠正我们对"纯儒"的偏见。再加上同时代人的片断回忆与黄氏本人的集外诗文，从历史深处走近我们的黄遵宪元气淋漓，七情六欲俱全，性格丰富，个性鲜明。我们于是释然，对他不再敬而远之。

当然，交情有亲疏，人心有好恶，何况时、地不同，感觉两样，人们对黄遵宪的描述难免见仁见智，颇有出入。择其大者而言，约有如下数端：

徐致靖《保荐人才折》出以公心，专重才干，故突出其"器识远大，办事精细，其所言必求可行，其所行必求有效"。而务实、精细的禀性，在黄氏文孙延缵记其任用梁启超为《时务报》主笔的经过中，清晰可见。读过出自梁氏手笔的"公车上书"，喜其文字"明白晓畅"的黄遵宪，尽管电召梁启超到沪，有意委以重任，但在宣布之前，仍是小心从事。"任公初谒公度，公度即与论天下大势，日本变法维新之经过，中国处境之危急，与乎本人办报之用意，宣传新学之要旨等，属任公归而记之，以觇其才能。任公于夜十时许别公度，翌日，天未曙，即携文长四五万言之笔记来谒公度。"公度惊起。检而阅之，乃大喜。经过这番慎重的考核，黄遵宪才确认其才堪大用，许以"子真吾理想中之主笔也"的定评（《黄公度——戊戌维新运动的领袖》）。

于处事精审之外，此例也显示出其爱才若渴。黄氏晚年推崇梁启超的文笔，更是不遗余力：

> 惊心动魄，一字千金，人人笔下所无，却为人人意中所有，虽铁石人亦应感动。从古至今，文字之力之大，无过于此者矣。罗浮山洞中一猴，一出而逞妖作怪；东游而后，又变为《西游记》之孙行者，七十二变，愈出愈奇。吾辈猪八戒，安所容置喙乎？惟有合掌膜拜而已。（《与梁启超书》）

不只梁氏，凡才华为黄遵宪所激赏者，无不得其厚爱。游历日本的王韬，与黄遵宪结识后，对此深有体会。所云"阁下品质醇粹,学问宏深,矫然如天半朱霞,云中白鹤,令人可望而不可即",还是肤浅的印象;"及久与之交,亲与之接,乃觉温乎其容,蔼乎其言,而其情固一往而深也"(《与黄公度太守》)。其"咻噢振厉,拳拳恳恳"(梁启超《嘉应黄先生墓志铭》)之情,在现今尚可见到的数十封与梁启超、王韬书信中发露无遗。关怀备至处,甚至代拟作息表,何时起床,何时就寝,何日草文,何日作函,何日见客,何日游息,均一一虑及(见《与梁启超书》)。爱护友朋,直是无以复加。

而朋友之道,以信以诚。黄遵宪既对友人之所长赞不绝口,于其所短也绝无隐讳。如批评梁启超"言屡易端,难于见信;人苟不信,曷贵多言","公之咎在出言轻而视事易耳"(《与梁启超书》),便都深中肯綮,为金玉良言。交友必得做到这一步,才不愧为知己。其弟黄遵楷也曾忆及,黄氏一生得内外大臣保荐凡十五次,他所最服膺的,却是唐景崧的"忠实廉直"一语。"忠实廉直者,括而言之,曰'诚'而已。"(《先兄公度先生事实述略》)可见,以诚待人,乃黄遵宪最看重的品格。

黄遵宪对于王韬为小友,对于梁启超则谊兼师友,用梁氏的话说,是"惟道惟义,以诲以教"。然而,初次见面,两人的年龄与阅历毕竟差距太大,黄氏又"主简易,少酬应",因而只给梁启超留下了"简傲"的印象:"一见未及数语,即举茶逐客。又越三日,然后差片回拜,神情冷落异常。"如此无礼,自然令梁氏大为气愤。而英才卓异的梁启超,此时在黄遵宪面前,竟也会有压抑感,自诉"与彼谭论,皆听受时多,发论时少,故始终亦不能毕其词"(《与汪康年书》)。倒不是黄遵宪故意搭架子,心高气傲实为其天性。何况他刚刚放洋归来,尤以才识自负。康有为称其"长身鹤立,傲倪自喜","昂首加足于膝,纵谈天下事",最得其神。即使以属员晋见两江总督张之洞,黄氏"亦复昂首足加膝,摇头而大语",对人直言"吾自教告之"(《〈人境庐诗草〉序》)。这般身有傲骨,目无权贵,不知避忌,焉能在官场久混!变法失败,放废还家,黄氏之狂傲依然如故:"盖蒿目时艰,横揽人才,有无佛称尊之想,益有舍我其谁之叹!"(《与梁启超书》)

而黄氏的精细、重情、坦诚、简傲,总归都是真率之性的显现。这种率真之心,又在与日本友人的笔谈中表现得最充分也最完整。

对笔谈遗稿可以有不同的读法:关于"《红楼梦》乃开天辟地、从古到今第一部好小说"的说法,早为文学研究者所乐道；关于《日本国志》的写作构想，则为中日关系史论者所喜闻；关于日本吞并琉球的话题，又为近代外交史学家所注意……唯独充斥全书的风月谈，不曾引起研究者的重视。而若要谈论黄遵宪的性情，偏偏不能放过它。照笔谈遗稿主人大河内辉声（源桂阁）的说法：

> 说文墨则情好之所未和谐；至说风流则交欢初睦耳。

只因说风流时，人们最少保留，本性毕现，最隐秘的事情可以与人共享，真正是"事无不可对人言"；而没有了神秘与神圣感，却多了彼此信任的亲切感，情感自然容易融洽。

说风流既为知交的标志，难怪源桂阁与黄氏第一次笔谈，即把话头引向风月。黄遵宪也不甘示弱，对答如流，并且水平颇高，不失文人本色。诗、文中的现成句子，顺手拈来，歪曲原意，即成荤话。甚至庄严的经书史籍，黄氏也拿来随意发挥，不惜亵渎圣贤。嘲弄欲窥他人室家之好，为"夫子之墙，不得其门而入也"；打趣源桂阁苦作狭邪游，必如"钜鹿之战，诸侯膝行而前，莫敢仰视"。前句出自《论语》，意指孔子之学高不可测，百美俱陈；后句出自《史记》，实写项羽大破秦军，诸侯悚惧拜服之状。所言与风月话本是风马牛不相及，黄遵宪偏有本事牵引而入，且"恰到好处"。说到兴起时，黄氏不免口没遮拦，与好谈风流的源桂阁正是棋逢对手，难分高下。以至源氏自觉与之格外亲近，尝作对比曰：与不惯说风流的某某中国友人交谈，"譬犹在自己家中，与浑家谈论家事，其言严恪谨肃，奉命只顿首耳"；与黄遵宪相谈，则"譬犹在烟花里接于名姝，其言婉丽有风趣，闻话只恋恋不忍去耳"。

黄氏作风月谈，固然有入乡随俗、逢场作戏的一面；但在津津乐道、屡谈不厌之中，却也未始不显其真嗜好。客居国外，远离妻室，"退食有暇，偶谈风月，固甚佳也"，他原也有意借此发泄。不过，黄遵宪有时还要搬弄一些"好色而不淫"的大话头装点门面，比如：

> 人患不好色耳，好色而善用情，推之可为孝子，可为忠臣，是人吾方病其不好色也。

又以情动于衷为好色之本：

> 凡不知所自起，一往而深者为情；若此心不动，而曲徇他人之言，是伪也，伪则可为不忠不孝。

从风流话中谈出道德语，也是中国儒生的本事。然而，其本意仍在推崇真情，却也毋庸置疑。黄氏自知不是圣贤，故打禅语曰：

> 仆谓作人自圣人外皆作平等观。孔子吾不得为之矣，则为和尚可也，为官可也，为闲人亦可也，为色徒亦可也；吾未见和尚遂胜于色徒也，闲人遂不如作官也。

而平等观的要义精魂则在随心所欲，葆其真性。

恃其率真之性，黄遵宪不妨招艺妓侑酒，情有独钟，呼之不来，便赋诗曰：

待来竟不来，姗姗何其迟？
思君如银烛，更阑多泪垂。

又不妨托人买妾，意欲寻一奇女子：

> 东京妇人，有能击剑者否？有能豪负侠气如男子者否？有能通汉文者否？兼是三者，美恶老少不足计也，为仆谋之。

只是悬鹄太高，自难中的。奇者无处求，妍者尚可遇。黄氏于是又有高论：

> 仆论美人，以为苟美矣，痴亦好，妒亦好，狡猾亦好。

总须貌美而性真，方合其心意。

在国内时，黄遵宪还有诸多考虑，既想进入官场，便得留意品行，"生平未尝一游花柳地"（《笔谈遗稿》），不是绝对不可能。观其因"京师鞠部甲天下"，"其中色艺双绝者，真不乏人"，为排遣寂寥，曾一月二三次往戏园，旋悔之，斥为"宴安鸩毒"（《与胡曦书》），毅然断绝此好，即可概见。而一到日本，风气不同，束缚减少，顿觉自由；且笔谈乃私下闲聊，用不着担心流传中土，为人知闻，故尽可随意。正因如此，黄氏在日本所成诗章，游戏之作便占了很大比重。如石川英（鸿斋）为其介绍一西京女子小园，

事不谐,照片却被黄氏夺走,又与人合作散曲云:

> 一个娇妹,来自西都,赛过了石家绿珠。害得那书呆,朝思暮想,指望着同衾共枕,粉腻香酥。怎藏将小园春色,夺得来气喘吁吁。问冰人,献昭君,如何不留下画图。(沈文荧)呀,盼得到佳期,汝是罗敷,侬是罗敷之夫,又何用一幅真真小画图?(黄遵宪)终是你冰人太糊涂,说这么天上有,人间无。害得那小书生,病成相思,泪眼欲枯。(王治本)呀,从今后,我想你柳腰樱口,花貌雪肌肤;朝朝暮暮,当你个观音大士,焚香顶礼唱"南无"。(黄遵宪)

笔谈遗稿中,黄氏又有代源桂阁拟上李瓶儿(《金瓶梅》中人物)书及李瓶儿之复信,与词曲一样口吻轻薄。此等文字,虽是戏言,不能当真,但无法否认它也属于"性情之作"。

并非所有见"真性情"之作,黄遵宪都肯收入集中,连相当郑重的《新嫁娘诗》尚被删落,何况此种艳曲?倘有好事者,将其辑入《人境庐诗草》,黄氏当作何感想?笔谈遗稿的出世,想来亦非其所愿。

黄遵宪始料未及的是,"敬惜字纸"的源桂阁会对中国文士的片纸只字视若瑰宝，舍不得丢弃，当时信笔而书的闲话，竟被珍重保存下来，堂而皇之地装裱成册。更想不到的是，半个多世纪以后，日本的汉学家实藤惠秀会在源桂阁之子的指点下，找到这批文稿，经过多年的努力，与侨居新加坡的中国学者郑子瑜一起，将其整理出版，公之于世。"海外偏留文字缘"（黄遵宪《奉命为美国三富兰西士果总领事留别日本诸君子》），黄遵宪有意保守、讳莫如深的秘密，偏偏在日本无意之中被揭开，可算是其不幸；而对于渴望了解黄氏全人的我们，能切实地在笔谈氛围中感受到他的真率，则是大可庆幸。不过，天下被人正确理解的幸运儿毕竟不多，因此，对这些笔谈的公开刊行，黄遵宪似乎也不该有什么遗憾。

1990 年 2 月 15 日于畅春园
（原刊《读书》1990 年第 5 期）

我自横刀向天笑
——说谭嗣同的"任侠"

自从司马迁在《史记·游侠列传》中称颂侠义精神,谓之"其言必信,其行必果,已诺必诚,不爱其躯,赴士之阸困;既已存亡死生矣,而不矜其能,羞伐其德,盖亦有足多者焉",后世文人虽也有如班固之迂执者,斥司马氏"序游侠则退处士而进奸雄"为"是非颇谬于圣人"(《汉书·司马迁传》),但以儒生而向往侠士之境界者仍大有人在。以侠客为题材的诗篇代有作者,即为明证。翩翩佳公子曹植写作赞颂"幽并游侠儿""捐躯赴国难,视死忽如归"的《白马篇》,或许因其"生乎乱,长乎军"(曹植《陈审举表》),尚有乃父之风;而李白之讴歌"纵死侠骨香,不惭世上英"(《侠客行》),则纯粹是一种人生价值的认同,故曰:"儒生不及游侠人,白首下帷复何益。"(《行行且游猎篇》)而把以儒兼侠的精神发挥到极致，并以身殉之的，在近代首推谭嗣同。

戊戌殉难的六君子中，谭嗣同一向被称为"支那为国流血第一烈士"（梁启超《〈仁学〉序》）。其赴死事，在挚友梁启超所撰《谭嗣同传》中有生动记述：

> 被逮之前一日，日本志士数辈苦劝君东游，君不听。再四强之，君曰："各国变法，无不从流血而成。今日中国未闻有因变法而流血者，此国之所以不昌也。有之，请自嗣同始！"卒不去，故及于难。

证之以与谭氏稔熟的孙宝瑄1898年10月8日日记，其挽谭嗣同诗小注：

> 复生被逮时，有外国使馆人来，言可以保护。复生慨然曰："丈夫不作事则已，作事则磊磊落落，一死何足惜。且外国变法无不流血者，中国变法流血，请自谭嗣同始！（《忘山庐日记》）

其时距六君子遇难仅十日，且日记本不为发表，无意作伪，而孙氏之说法与梁氏同，可见其间绝无文学加工的成分。

于此数语，后世人大多注意的是谭氏为国流血的决心，并为之感佩不已；对其慷慨赴义、从容待死的决定则往往不予深究，未免错过了好题目。其实，上述两段记载都明明指出谭嗣同有时间、有机会脱险。如9月21日政变发生时与谭嗣同在一处的梁启超，本也对日本驻华代理公使林权助表示就死之志，而终于接受劝告，于当夜遁入日本公使馆（见林权助《我的七十年》），随即由日人帮助，乘日轮东渡日本避难。而谭氏则"竟日不出门，以待捕者"，并于次日入日本使馆访梁启超，将所著书及诗文辞稿本托付梁氏后，仍然返回寓中。谭嗣同之不肯出亡，他对梁启超作过一个解释：

> 不有行者，无以图将来；不有死者，无以酬圣主。今南海之生死未可卜，程婴、杵臼，月照、西乡，吾与足下分任之。（《谭嗣同传》）

似乎表明谭氏之毅然赴死，只为酬报光绪皇帝的知遇之恩；而有为变法流血的话在，此说亦不尽然。"嗣同天才轶荡，为六君子中魁杰，未留身以有待"（陈叔通《杂忆二十首》其四），一直使后人深致叹惋。更毋庸说，即使为了改良事业,谭嗣同也应该留身以待,促其成功而不是选择死亡。谭氏本可以不死,可以不必死,而竟执意待死,自有其非死不可的理由在。

从程婴、杵臼、月照、西乡的比喻中,已透露出若干信息。公孙杵臼为保存赵氏孤儿,要程婴出首,自己携假孤儿被杀,程婴终得抚育真孤儿成人;月照与西乡隆盛是日本志士,因图谋勤王,为幕府追捕,投海自尽,月照竟死,西乡幸而遇救,成为明治维新的功臣。尽管公孙杵臼为中国春秋时的门客,月照为日本幕府末期的和尚,而二人最后的行事均体现舍身取义的侠义精神。谭嗣同选取二人为榜样,正是其任侠性格的表露。

梁启超的《谭嗣同传》称谭氏"好任侠,善剑术";康有为的《六哀诗》亦推许"复生奇男子,神剑吐光莹,长虹亘白日,紫澜卷苍溟",遗憾其游说袁世凯举兵救光绪竟为袁所卖,乃是"奇计仗义侠,惜哉皆不成"。可见,谭嗣同的仗义行侠也是朋辈间的定论。

古来侠客往往离不开剑,而谭嗣同也有双剑,名"麟角""凤距"。既精剑术,又欲学单刀,因拜大刀王五为师,作《单刀铭》曰:"单刀神者葛稚川(按:即葛洪),谭复后以千有年。"很以其刀法精熟自豪。与友人书,谭氏也津津乐道其"弱娴技击,身手尚便;长弄弧矢,尤乐驰骋"(《与沈小沂书一》)。其绝笔诗中"我自横刀向天笑"(《狱中题壁》)一语,更是广为流传。

谭氏虽"性不喜词,以其靡也",而十八岁时独作《望海潮》一阕自题小照,末云:

> 拔剑欲高歌。有几根侠骨,禁得揉搓?忽说此人是我,睁眼细瞧科。

所谓"传神写照,正在阿堵",拔剑高歌、侠骨崿崿,确是谭嗣同的自画像。

谭嗣同十三岁以后,因其父谭继洵移官甘肃,他也多次远至陕、甘边地。壮游之余,亦喜读《游侠传》。他曾对友人描述这一段生活经历:

> 飞土逐肉,掉鞍从禽。目营浩罕所屯,志驰伊吾以北。穹天泱漭,矢音敕勒之川;斗酒纵横,抵掌游侠之传。戊己校尉,椎牛相迎;河西少年,擎拳识面。(《报刘淞芙书一》)

西北强悍的民风,更使谭嗣同对游侠生活心向往之。而其任事也一以纵侠为乐。《与沈小沂书一》云：

> 往客河西，尝于隆冬朔雪，挟一骑兵，间道疾驰，凡七昼夜，行千六百里。岩谷阻深，都无人迹，载饥载渴，斧冰作糜。比达，髀肉狼藉，濡染裈裆。此同辈所目骇神战，而嗣同殊不觉。

《刘云田传》亦云：

> 安定防军，隶大人部。嗣同间至军，皆橐鞬帛首以军礼见，设酒馔军乐，陈百戏。嗣同一不顾，独喜强云田并辔走山谷中。时私出近塞，遇西北风大作，沙石击人，如中强弩。明驼咿嘎，与鸣雁嗥狼互答。臂鹰腰弓矢，从百十健儿，与凹目凸鼻黄须雕题诸胡，大呼疾驰，争先逐猛兽。夜则支幕沙上，椎髻箕踞，刴黄羊血，杂雪而咽，拨琵琶，引吭作秦声。

如此自觉以苦为乐，任情豪纵，正见侠士风骨。

与侠义性格相关，谭嗣同曾痛斥三纲之谬，而独独称道："五伦中于人生最无弊而有益，无纤毫之苦，有淡水之乐，其惟朋友乎！"力主："夫惟朋友之伦独尊，然后彼四伦不废自废。亦惟明四伦之当废，然后朋友之权力始大。"（《仁学》）谭氏交友也纯以信义，颇多传奇色彩。最著者为大刀王五与唐才常。王五本名王正谊，"为幽燕大侠，以保镖为业，其势力范围，北及山海关，南及清江浦，生平专以锄强扶弱为事。浏阳（按：指谭）少年尝从之受剑术，以道义相期许"（梁启超《饮冰室诗话》）。戊戌政变发生，王五欲挟谭嗣同出亡，谭氏不肯。而谭嗣同狱中与仆人书三通，两信均提及王五。据说王五曾谋划劫法场，因戒备森严，未能得手。唐才常则为"嗣同同学，刎颈交也"（谭嗣同《与徐仁铸书》）。谭氏死后，唐才常挽之，上联曰："与我公别几许时，忽警电飞来，忍不携二十年刎颈交同赴泉台，漫赢将去楚孤臣，箫声呜咽。"语句悲痛欲绝。两年后，自立军起义失败，唐氏就义，临终遗诗亦有"七尺微躯酬故友"之句。

因一腔侠气鼓涌，谭嗣同诗歌"大抵能浮而不能沉，能辟而不能翕。拔起千仞，高唱入云，瑕隙尚不易见。迨至转调旋宫，陡然入破，便绷弦欲绝，吹竹欲裂，卒迫下隘，不能自举其声。不得已而强之，则血涌筋粗，百脉腾沸，岌乎无以为继"（《报刘淞芙书二》）。而写作《仁学》时，亦感"每思一义，理奥例赜，垒涌奔腾，际笔来会，急不暇择，修辞易刺，止期直达所见，文词亦自不欲求工"(《自叙》)。其为文作诗之慷慨激越，侠肝义胆跃然纸上，并非才气横溢一语所可囊括。

谭氏这种天性向侠的个人禀赋，适当创巨痛深的甲午战后，国势岌岌可危，因而更加发扬激励。他大倡侠风，并以之为救世之道。《仁学》中旁征博引古今中外事，有言：

> ……莫若为任侠，亦足以伸民气，倡勇敢之风，是亦拨乱之具也。西汉民情易上达而守令莫敢肆，匈奴数犯边而终驱之于漠北，内和外戚，号称一治。彼吏士之顾忌者谁欤？未必非游侠之力也。与中国至近而亟当效法者，莫如日本。其变法自强之效，亦由其俗好带剑行游，悲歌叱咤，挟其杀人报仇之气概，出而鼓更化之机也。……言治者不可不察也。

一部《仁学》，正是谭氏精血所注。其畅发冲决重重网罗的宏旨，也以侠行为入手处。

谭嗣同为学，重墨、尊佛。《仁学·自叙》认为："能为仁之元而神于无者有三：曰佛，曰孔，曰耶。"而"佛能统孔、耶"，墨则"能调燮联融于孔与耶之间"。又说："墨有两派：一曰任侠，吾所谓仁也"；"一曰格致，吾所谓学也"。其《仁学》即合墨、佛为一：于墨子取其"任侠"为仁，于佛家取其"大无畏"为仁。而"深念高望，私怀墨子摩顶放踵之志矣"（《仁学·自叙》）。佛言"我不入地狱，谁入地狱"，便以"我不病，谁当病者"（谭嗣同《题团扇残句》）的表述，成为谭嗣同的人生信条。实际非独墨、佛，即儒家亦有近于侠的一面。孔子曰："志士仁人，无求生以害仁，有杀身以成仁。"（《论语·卫灵公》）孟子曰："生亦我所欲也，义亦我所欲也。二者不可得兼，舍生而取义者也。"（《孟子·告子上》）谭氏于此均有所取。

梁启超在《〈仁学〉序》中称谭嗣同"发为众生流血之大愿也久矣"；谭氏致唐才常函中云："自惟年来挟一摩顶放踵之志"；与其师欧阳中鹄书亦云："平日互相劝勉者，全在'杀身灭族'四字，岂临小小利害而变其初心乎？……今日中国能闹到新旧两党流血遍地，方有复兴之望。不然，则真亡种矣。"以此看来，谭嗣同最后之束手待擒、引颈就戮，纯粹是为信念而死，为精神而死，亦即是殉其一以贯之的侠心。

无怪乎常人畏死,而谭嗣同偏将"忍死"之事交付他人,一心舍生取义,杀身成仁。临终遗言则为:"有心杀贼,无力回天。死得其所,快哉快哉!"仍是侠士声口。

1989年6月28日于畅春园

(原刊《文史知识》1989年第9期)

"圣人"心迹

——时人眼中的康有为

康有为大约可算是中国近代史上名气最大且最有争议的人物了。第一个为其作传的弟子梁启超恭维他："若夫他日有著二十世纪新中国史者，吾知其开卷第一页，必称述先生之精神事业，以为社会原动力之所自始。"（《南海康先生传》第一章）而康氏未去世前，却已有"国家将亡必有，老而不死是为"的联语盛传一时，既嵌入"有为"之名，又运用歇后语的方式，取《礼记·中庸》及《论语·宪问》中句，而分别隐去"妖孽"与"贼"，毒骂康有为是"国家将亡必有"的不祥之物，是"老而不死"的害人精。此种截然相反、各趋极端的评价集中于康氏一身，无疑与其性格及经历的传奇色彩大有干系。

平心而论，康有为一生应是功大于过，故"妖孽"之说不免意气用事。而生当内忧外患夹击、王朝摇摇欲坠的清末,国家将亡的时势倒确能酿造出震动一世的奇人。其号"长素",虽自解为"思入无方,行必素位,生平最受用素位之义,故以长素自号"(陆乃翔等《南海先生传》上编第十三章),但世人偏偏只信"长于素王"的谣传,谓其有以"素王"孔子自居之意。而康氏的言行,确也有利于助成此说。因少年时代即"有志于圣贤之学,乡里俗子笑之,戏号之曰'圣人为',盖以其开口辄曰圣人圣人也"(梁启超《南海康先生传》第二章),这一出自弟子之笔的郑重记述,已显示康有为志向远大,所期许之事业亦不在孔子下。康氏自撰年谱,于十九岁之年亦明道:"以圣贤为必可期,以群书为三十岁前必可尽读,以一身为必能有立,以天下为必可为。"(《康南海自编年谱》)因此,"康圣人"的绰号哄传人口,其中虽不无取笑的意味,在康氏本人,则未尝不私心窃喜。

"圣人"之行事自然非同寻常。康有为在求学时期的狂傲不逊,尚可以才高识精的常人之情推理之;而其寻找安身立命之所的悟道方法,便显得怪异而不可理喻,难怪"同门见其歌哭无常,以为狂而有心疾矣"(《康南海自编年谱》),似乎已离疯人不远。这不禁使人联想到同有"疯子"之称的章太炎,不被理解几乎是所有"造时势之英雄"的"先时人物"（梁启超《南海康先生传》第一章）不可避免的命运。而正是在这种几近疯狂的玄想方式中，康氏才发见了成为其日后终身信奉不变的思想体系。这些精神的漫游，又都与"圣人"的思绪相沟通。在礼山草堂的初次"绝学捐书""静坐养心"，令其"忽见天地万物皆我一体，大放光明，自以为圣人，则欣喜而笑；忽思苍生困苦，则闷然而哭"。次年入西樵山，居白云洞，"常夜坐弥月不睡，恣意游思，天上人间，极苦极乐，皆现身试之"。经过此番涤心荡腑，再加以西学的接引，自觉尽采中外之精华的康有为，于是豁然贯通，"自生物之源，人群之合，诸天之界，众星之世，生生色色之故，大小长短之度，有定无定之理，形魂现示之变，安身立命，六通四辟，浩然有得"，因而了悟大同世界终必可至，现下则时时刻刻以救世为己任（见《康南海自编年谱》）。

若论救世，康有为可谓恭逢其时。胡思敬称康获闻德占胶州湾后，"抚掌喜曰：'外祸亟，吾策行矣。'"（《戊戌履霜录·康有为构乱始末》）对国难幸灾乐祸，固然是政敌一方的拟揣、诬指之辞，不足信。而康之出名，确以外患日深为契机，倒也不必讳言。但康氏又并非只是风云际会、趁时而起，作为"先时人物"，他还有见微知著、首开风气的胆识。其1888年第一次上书清廷,虽貌袭董仲舒的"天人感应"之说,以关外祖陵崩塌为由,吁请光绪皇帝下诏及时变法,而其实不过是数年来潜心研习所得,一旦而发之。以一名未曾中举的诸生而欲直接奏陈皇帝,又为朝野厌恶的西学鼓吹、张目,其不得达本在意料中,但康氏之为大勇者的品格亦得以显露。"冒死上书"并不是康有为事后的过分渲染,即使是庸人、守旧者口中的"危言耸听",也还需要胆力方可说出。所谓"甲午款夷后,朝政多苟且。上下皆知其弊,以本朝文禁严,屡兴大狱,无敢轻掉笔墨讥时政者"(同上)——出自胡思敬笔端的记述已提供了最有力的证明。幸好光绪不是昏君,嗣后见康有为第五书中"恐皇上与诸臣求为长安布衣而不可得"及"不忍见煤山前事也"诸语,心中明白,故不加罪,反大为感动,许以"非忠肝义胆,不顾死生之人,安敢以此直言陈于朕前乎"(梁启超《戊戌政变记·康有为向用始末》)。于是,康氏施展其平生所学的政治机遇终竟来临。

"百日维新"实乃康有为一生最风光的时期。拟奏折,上条陈,备顾问,康有为忙得不亦乐乎。黜旧党,用新人,颁政令,光绪皇帝的砝码也明显移向康氏一边。此时,光绪的命运已与新政融为一体。到头来,为报答"英主"

的知遇之恩，也为了挽救变法事业，康有为又谋划借袁世凯的新军"兵谏逼宫"，迫慈禧完全放弃权力。这虽是一着险棋，却不失为绝处求生的唯一方策。既是宫中密谋，知情者自是越少越好。事后，由于各种因素的牵扰，或夸大其词，或有意隐瞒，来自政变一方的可能是诬陷，出于流亡一方的可能有别情，使得这一流产的"前政变"成为聚讼纷纭的公案。张伯桢的《南海康先生传》，以及梁启超的《康有为向用始末》、胡思敬的《康有为构乱始末》、王照的《关于戊戌政变之新史料》，基于各人立场之不同——张、梁为康氏弟子，且梁、胡二文从题目上即构成对立，王氏则属维新派中的与康不合者——诸文不仅自多种角度记录了"戊戌新政"的全过程，而且对密诏及兵谏作了不尽一致的陈述。揣摩其间的缝隙，探究历史是如何被叙述的，也是一件颇有兴味的事情。

既然有"素王"之称的孔圣人曾以大司寇行摄相事，康有为之企望作王者师、登宰相位，也应该算是亦步亦趋、心迹相同。只是，孔子尽管可封予思想家、政治家、教育家等诸多头衔，而历代皇帝所承认的"大成至圣先师"名号，毕竟最为人知晓。无独有偶，康有为虽然因倡导变法、力行维新的政治施为而名垂青史，其弟子们却异口同声地礼赞其为大教育家。自梁启超首发"先生能为大政治家与否，吾不敢知；虽然，其为大教育家，则昭昭明甚也"（《南海康先生传》第五章）之论，继而"通力合作"撰写《南海先生传》上编的康门众弟子也沿袭此说，而谓之"先生之为何人物不可定，若其教育之成效已昭昭矣"（第十章）。万木草堂当然不是中国最早一所新式学堂，也比不上宋明讲学家的门人成百上千，然而，其间人才辈出，极一时之盛，却是有目共睹的事实。过早去世的陈千秋、曹泰不必说，长期追随康有为的门生中，梁启超可算最知名者，余外如徐勤、麦孟华、欧榘甲、韩文举、罗普、潘博、陈焕章等，也均为近代社会的活跃人物。虽不能完全排除因缘时会的成分，"名师高徒"总应是首要原因。

康有为自行创立的草堂学风，诚属新旧杂糅。论授课内容，则"以孔学、佛学、宋明学为体，以史学、西学为用"（梁启超《南海康先生传》第三章），最受欢迎且康氏本人最感兴趣的是讲"学术源流"，至今流传下来的几种讲义记录，均出自此课。讲论中国古代学术演变时，即援引西方事例，而突出公羊学说，变法思想自然贯穿其中。设置"乐舞"一课，亦合古代礼乐与西方体操为一体，虽取自新式学堂，却又有传统根据。立"学长"，有学生自治之意；

建"书藏",为公共图书馆之雏形;备札记簿,师生间可自由讨论。凡此,均有益于培植学生的才干,开阔治学的思路。"其为教也,德育居十之七,智育居十之三"(同上第五章),故而向后虽流离海外,弟子们均患难与共,从之益坚。康氏的讲学风格也令人着迷,从学者于此多有回忆:

康师每次讲授,必先标讲题于堂上。届时击鼓三通,(引者按:因《礼记》诸书有"入学鼓箧"等说法,故以击鼓集众为行古之道。)学生齐集,分东西鹄立成行。康师至,左右点首,乃升座。学生依次分坐,中为师席,两旁设长桌东西向。……康师讲学不设书本,讲席上惟茶壶茶杯,余无别物。但讲至及半,馆僮必进小食,点心、粉面不等。盖康师娓娓不倦,辄历二三小时,耗气不少,故须食料以补充之。……上堂讲授,历时甚久,而八字着脚,到底仍不懈也。(卢湘父《万木草堂忆旧·草堂学风》)

先生每日辄谈一学,高坐堂上,不设书本,而援古证今,诵引传说,原始要终,会通中外,比例而折衷之。讲或半日,滔滔数万言,强记雄辩,如狮子

吼，如黄河流，如大禹之导水。闻者挢舌，见者折心，受者即以耳学，已推倒今古矣。（《南海先生传》上编第十章）

而善用重锤之法，"大棒大喝"，"或不能受，一见便引退；其能受者，则终身奉之"（梁启超《南海康先生传》第五章），也是康氏多得杰出弟子的缘由。

此等风采，直至康有为晚年亦不稍改。逝世前一年，康氏又在上海办天游学院，全始全终地印证了弟子们许以"大教育家"的预言。讲学仍是"始则训勉，继则泛谭，由甲起乙，由乙起丙，以至国际形势，国内变化，几至无所不言。康氏时年六十有九，气壮如少年；每发一问，则滔滔不休"。甚至"志大言大，好高骛远"也一成不变，"晚年讲学，常有盛气"，"处处欲为第一人，若谓其学某似某，则非其所喜"。其著作之整理、出版，万木草堂弟子张伯桢固然出力甚多；而身后遗稿汇刊、年谱续写，则天游学院门人蒋贵麟、任启圣实在功不可没。假如考虑到康有为晚年已为落伍人物，弟子之忠心却数十年不变，其人非有强大的人格魅力，恐不易办到。早期弟子已以"从古教主"之气象比拟之，故康氏门徒有取号超回、轶赐即胜过孔门诸贤的传说；晚年的康有为更是"从心所欲"，直接道破其教主心思，天游学院虽只二十余学生，在康氏口中则好有一比："耶苏有门徒十二人，尚有一匪徒在内。今其教遍于天下，岂在多乎。"（任启圣《康有为晚年讲学及其逝世之经过》）而东圣西圣又是此心同、此理同，康氏所追步者其实还是已被尊为孔教教主的孔子。

好为人师的康有为，并不满足于万木与天游的坐帐收徒，而更喜欢随处发现人才，充当保护者。由于康氏具有艺术家气质，善书法，喜收藏，对其时崭露头角的年轻画家刘海粟、徐悲鸿，便能慧眼识拔，主动收纳为弟子。与刘海粟的遇合最见康氏性格：在"天马会"的联合画展上，康有为因特别欣赏刘作，即"于人丛中遍讯海粟。会海粟至，便呼海翁，极口称其画之雄杰，引为忘年交，握手纵谈若不足"。不仅邀至家中，出其古今中外绘画藏品使刘氏尽情观赏，并且当面提出"非收你做学生不可"的要求。当刘氏问起"我跟您学什么呢"的时候，康有为也毫不谦让，表示要讲书法，而且果真尽心传授，"教同子弟"。迨模特事件引起军阀孙传芳干涉，康氏担心刘海粟的安全，竟不顾年迈，一日三次赶去美专，劝刘离开（刘庸熙《志存天阁》及刘海粟《忆康有为先生》）。如此输心相待，自能博得弟子辈的终身敬仰。即使政见不同，既有私谊，康氏也便全心爱护。刘海粟的直言敬佩康之政敌孙中山，李可良的坦承其为国民党青岛党部的执行委员（李可良《我印象中之康有为》），虽令康氏失望，政治保护的责任却仍一力担当。

与晚年短暂的重温讲学旧梦而得善果相比，1917年的重作冯妇、参与张勋复辟，却在康有为最后的政治生涯中留下了不光彩的一笔。康氏并非老悖，做错了事的原因多半还在性情。当年与之分道扬镳、加入讨逆军且对其师颇加斥责的梁启超，毕竟最了解康有为，祭文中回首往事，才说得出如下体贴亲切之词：

> 复辟之役，世多以此为师诟病，虽我小子，亦不敢曲从而漫应，虽然丈夫立身，各有本末，师之所以自处者，岂曰不得其正，思报先帝之知于地下，则于吾君之子而行吾敬，栖燕不以人去辞巢，贞松不以岁寒改性，宁冒天下之大不韪，而毅然行吾心之所以自靖，斯正吾师之所以大过人，抑亦人纪之所攸托命，任少年之喜谤，今盖棺而论定。（《公祭康南海先生文》）

端赖梁氏一支生花妙笔，康氏的"附逆"不只是其情可恕，更显示其人格的伟岸。谓之"顽固不化"也好,谓之"独立不迁"也好,康有为的定力确令人佩服。治学则标榜"吾学三十已成,此后不复有进,亦不必求进"(梁启超《清代学术概论》二十六节);从政则为始终如一的君主立宪派。无论形势如何变化,康氏总是以不变应万变。比起唯利是图、毫无操守的政客,康有为的不变自有其可爱处,难怪政敌一方对此也不乏美言。后人虽称道孔子是"圣于时者",而孔丘本人心心念念却只在"吾从周"。"从周"可以复古为变革,也可因好古而守旧,因此,康氏的举止仍是圣人作派。

而即使只与康有为略有接触的人,对其"好游"之性也必印象深刻。孔、孟的周游列国,"辙环天下,卒老于行",行踪尚限于九州。百日维新失败,被迫流亡海外,倒使得康氏的游历远广于其一心取法的先圣先贤。晚年常用的一方印章,文作:"维新百日,出亡十六年,三周大地,游遍四洲,经三十一国,行四(一作"六")十万里。"文字中便充盈着自豪之情。即便留居国内,康氏也不喜株守一地,早年的讲学桂林,一半是为广泛传播思想、培植维新人才,一半是爱此地"山水极佳"(《康南海自编年谱》)。归国后,虽仍有强烈的导师意识,可惜当年的如痴如醉、从者如云已是盛况不再,传道成分尽管大为减少,康氏的游兴却一如既往。今人记述的《康有为在西安》《康有为在金州》《康有为在桂林》《康有为在偃师》，标题已明白展现康氏的足迹所历，南北东西遍布四方。只因乐于走动，故而"狡兔三窟"。除安家上海，有愚园路住宅一所外，康有为又在杭州筑"一天园"、青岛筑"天游园"两座别墅。其中"一天园"选址于西湖边，风景绝佳；青岛则为避暑胜地，崂山风光亦值得流连。康氏最后之逝世青岛，而非寿终正寝于上海家中，也多少有点象征意味，竟是有意为其漫游生涯最终画上了完满的句号。

"好游"的性格根据是"好奇"。以康有为之不甘平凡，说话总要语惊四座，做事力求惊人之举，其出游沿路自然少不了轶闻故事。早年在桂林，于雷电交加之际游兴大发，登望江亭，"观赏雨景，即指示声浪、光浪、电浪之原理"，又率弟子游山，"沿途各摘花在手"（廖中翼《康有为两次来桂讲学概况》），正是作意好奇的佳话。而晚年哄传一时的"圣人盗经"，便既有新旧文化斗争的背景，也不能排除个性之累的因素。康氏之初心应该还是出于艺术鉴赏家保护文物的念头，而其刚愎、夸张的做法引起陕西人的反感，则酿成一场不小的风波。如今查考当年这场公案，即使对康有为全无好感的知情人，如马凌甫、刘安国诸人之文，均证明南宋刊刻的《大藏经》其实并未带走，康氏"盗经"之说乃是经过夸大的误传。而其后人回忆康有为尝有开博物院的设想，大约占有的欲望之中，也还存着一些可嘉许的动机。

最后，关于康有为的去世，也颇得孔子"知天命"的精义。身边弟子述其七十寿诞后，即"亲自检理其平生最爱之书籍，及自著稿件等，彻三昼夜不稍息。又周览庭园，于一草一木，皆加意抚摩，有依依之意。语家人曰：'吾其与上海永别矣。'"至青岛后，"越数日草赐寿谢恩折，写未数行，辄痛哭，写竟告家人曰：'吾事毕矣！吾事毕矣！汝等可珍重此稿。'并印二千份分送同人及故旧"（麦仲华函）。不数日，即去世，而上距其祝寿之日不足一月。能够预知大限，使得康有为之死非同寻常，而充满了神圣意味。

如何评价康有为，康氏生前既未有了断，死后至今仍是众说纷纭。其他不论，只此争说功罪，已足够确立其历史重要地位。而评说的困难，也未尝不与康氏本身的诸多矛盾相关联。最称知己的弟子们已有如下经典性的叙述：

……先生日美戒杀，而日食肉；亦称一夫一妻之公，而以无子立妾；日言男女平等，而家人未行独立；日言人类平等，而好役婢仆；极好西学西器，而礼俗、器物、语言、仪文，皆坚守中国；极美民主政体，而专行君主；注意世界大同，而专事中国：凡此皆若甚相反者。（《南海先生传》上编第十三章）

其矛盾性又因身处"过渡时代"及康氏本人的强毅性格而格外凸显。评论者站在不同的立场，自然会产生相异的理解，本不足为奇。何况，孔子在现代中国的地位既也曾大起大落，云泥异路，康有为之被人褒贬毁誉，亦不过是其心期孔圣的题中应有之义。

1995年11月16日于京西蔚秀园

（原刊《读书》1996年第8期，本为中国广播电视出版社1997年版《追忆康有为》后记）

寂寞身后事
——时人眼中的梁启超

1929年1月,梁启超在北京以五十七之龄溘然去世,京、沪两地的追悼会倒也开得隆重,名流纷至,一时称盛。而当年9月,其南京高等师范学校的授业学生张其昀即已慨叹:"自梁先生之殁,舆论界似甚为冷淡。"(《悼梁任公先生》)个中原因,张氏并未深究。1935年,吴宓印行诗集,末附《空轩诗话》,亦对此一现象迷惑不解:"梁先生为中国近代政治文化史上影响最大之人物,其逝也,反若寂然无闻,未能比于王静安先生之受人哀悼。吁,可怪哉!"王国维从始至终只是一介书生,且为人落落寡合,梁启超则亲朋密友众多,其人在政界、学界又均享盛名,而梁之身后寂寞,当日似只有天津《益世报》于3月4日出版过春季特刊"梁任公先生纪念号"(因系随报附送,已难寻觅),反不及王氏尚有多种纪念专刊行世,的确显得不可思议。好像生死荣衰,人世的情谊是这样靠不住。

不过,如此理解,多少存在着误会。其实,梁启超1月19日病逝,第二天,其晚年"最爱护的学生"(胡适语)徐志摩即寄快信给胡适,商量《新月》杂志出梁任公先生纪念专号事;三日后又追加一信,仍谈此话题,并确定专号为第二卷第一期,"三月十日定须出版"。据信中言,徐氏已着手进行,派与胡适的工作是:"一是一篇梁先生学术思想的论文;二是搜集他的遗稿,检一些能印入专号的送来;三是计画别的文章。"徐志摩并致信林志钧,请他写一传记,并想由其组织荟集蹇念益、梁启勋、罗普、徐勤等人的文章,因"他们各个人都知道他(按:指梁)一生一部的事实比别人更为详尽",把"他们所能想到的编制成一整文"。又想请梁之儿媳林徽音"写梁先生的最后多少天",同时也担心"不知她在热孝中能有此心情否",故要胡适见面时代询。徐氏本人自是责无旁贷,此外,已经答应作文的有徐新六(曾随梁游欧,即以此为题)、梁实秋(原清华学校学生),徐并向陈西滢、闻一多约稿,新月派的主力都被动员起来。出版方面的安排也有周到考虑,如梁启超"各时代小影"以及手迹——特别提到"十月十二日《稼轩年谱》

绝笔一二页"，徐志摩已请梁侄廷灿寄沪制版。而其结果，除了梁实秋留下赴台湾后写作的《记梁任公先生的一次演讲》等文，余者尽付阙如，甚至连热心操办纪念专号的徐氏也交了白卷。

论梁启超与新月的关系，实在非同一般。且不说梁派政治文人在北京的舆论阵地《晨报》，1925年由徐志摩接手编辑其另张出版的《晨报副镌》，单是新月社在松树胡同的小集，梁氏便是常客。其于座中举诵乾隆皇帝"夕阳芳草见游猪"韵语，谓以"猪"字入诗之妙，当日即为流传甚广的佳话。熊佛西、刘海粟多年后所写诸文，对此均有忆述。梁氏弃世，新月同人总该有所表示，何况舞文弄墨本是其擅长之技。因而，《新月》纪念专号的终于流产颇令人费解。也许其中别有隐情，只是我尚未发现。

不过，梁启超逝世之年展开的年谱编纂工作，在梁氏挚友丁文江的主持下，倒是声势浩大，卓有成效，证明哲人虽萎，遗爱未沫，朋友们并未忘记梁启超。梁氏长逝后，亲朋会议，决定做两件事：一是由林志钧主编梁之遗著，是为中华书局1936年出版的四十册《饮冰室合集》；一是由丁文江负责编纂梁之年谱，在赵丰田的帮助下，也在1936年完成，并油印五十部，分送梁氏亲属与知交征求意见，此即台湾世界书局 1959 年据以刊行的《梁任公先生年谱长编初稿》。

丁文江接受委托后，立即抱着高度的热情，投入巨大的精力，开始向各方征集资料。同年 5 月，梁启超本人"壬子以前的一千几百封信已将次整理好了"，"朋友方面所藏的任公信札，也居然抄到一千多封"。而前一部分书信的数字，到 7 月份已增加至二千余封（见丁《致胡适书》）。最终收集到的梁氏往来信札则多达近万封（见《梁任公先生年谱长编例言》），这当然主要是丁氏的功劳。而且，凡属知情人，丁文江总要千方百计请其提供材料。参与戊戌变法、一同逃亡日本的王照，虽和康、梁不和，与丁亦无交往，丁氏仍找江庸介绍，持江函亲自登门，向王照征稿，约其叙写梁氏戊戌年间的事迹（见王《复江翊云兼谢丁文江书》）。听人说起孙宝瑄日记中有关于梁启超的材料，丁文江也马上用梁思成的口气写信给孙兄宝琦（其时宝瑄已去世），托张元济转交；得知日记在杭州后，又怕夜长梦多，特请余绍宋就近在杭摘抄。甚至出差在外，丁氏也不忘顺便为年谱搜集资料（见丁《致胡适书》）。因而，《梁任公先生年谱长编初稿》的材料丰富，在近、现代史研究界早已是有口皆碑。

未承想诸人为梁氏年谱撰写的大量回忆，竟如黄鹤一去,杳无踪影。除剪辑入年谱者,全文居然是无可查找。胡适1958年为台湾版《梁任公先生年谱长编初稿》作序,在表彰"这部年谱里保存了不少现在已很难得或已不可得的资料"时,便举梁弟启勋的《曼殊室戊辰笔记》为例:"戊辰是民国十七年,梁仲策先生这部《戊辰笔记》作于任公先生死之前一年,是一部很可靠的传记材料。可惜这部稿本后来已失落了。"其他人所写的文字也大抵命运相似,"这些记录在当时只有稿本,到现在往往还没有印本流传"。此处应该追加一句:胡适所谓"现在"可以延续至今日。而1930年印行的《小航文存》中收录的王照《复江翊云兼谢丁文江书》,已属极为难得。冯自由的《任公先生事略》文虽不见,其于梁启超逝世前出版的《中华民国开国前革命史》上编及三四十年代陆续发表的《革命逸史》,内中颇多有关梁氏的记载,或可稍补欠缺。而诸文为何未公开发表,则令人疑心出自以之为资料而非文章的考虑。

众多文稿的去处也值得追查。既然台湾印行的年谱所根据的底本为丁文江留在地质调查所的毛笔清抄初稿本,此本后归"中研院"历史语言研究所收藏,则这批文献的不在台湾当可断定,否则胡适不会不知道。而1979年,赵丰田应上海人民出版社的邀约,重新修订年谱长编时,其增补的资料也大致限于"解放后发现的一些与梁氏交往的信札",赵氏并感谢"北京、上海、广州有关单位和同志的关怀与支持",却并没有提及与利用原有的那批材料。未必是旧文全无检索的价值,最大的可能性是赵也不知其藏身何方。因赵氏声明,新版的"删改仅限于与谱主关系不大的极少量一般资料和原有的编述性文字"(《梁启超年谱长编·前言》),故据上海人民出版社1983年出版的《梁启超年谱长编》所见传记材料,应可视为与初稿本相差无几。没能入选的文稿肯定还有,可惜确切情况我们已无法得知。随手抄记过一份梁氏年谱中引用的友朋回忆篇目,不妨录下,以窥一斑,以志阙失,以表遗憾(不出篇名而只题为致编者的信以及往来信件后附注尚不在其中):

曼殊室戊辰笔记(梁启勋)

任公大事记(林奎、陈国镛)

任公少年事记(未具名)

任公事略(汪诒年)

时务报时代之梁任公(未具名)

任公先生事略(冯自由)

任公先生大事记(未具名)

任公先生事略、任公逸事（狄葆贤）

　　任公先生事略、记辛亥年任公先生归国事（杨维新）

　　任公轶事（罗普）

　　梁任公先生逸事（徐佛苏）

　　丙辰从军日记（吴贯因）

　　记民国五年任公先生留沪运动冯华甫事、记任公先生题礼器碑、记任公先生民国五年由沪入桂事（黄群）

　　记广智书局始末（未具名）

文章作者均为与梁启超一生或某一时期关系重大的人物，其资料价值自是不言而喻。如果这批材料有幸以全貌重见天日，无疑是研究者的福音。

　　目前既无此种可能，今日所见的忆述文字，于是变成以晚年著述讲学时代的学生为主。清华学生（包括本科与研究院国学门）有张荫麟、梁实秋、吴其昌、谢国桢、周传儒、姚名达、刘盼遂、杨鸿烈等撰文，南京高等师范学校则有张其昀、缪凤林诸位作者，又有东南大学的黄伯易、北京师范大学的李任夫，亦在数十年后回顾当年。（就中吴其昌表彰师门最用力，他于咯血症病势沉重之际执笔撰写的《梁启超》上册，虽于1944年脱稿，而不过一月，本人即遽归道山。将生命的最后时日奉献给自己的导师,得学生如此,梁启超应该很满足了。)所记事实,自然偏重于梁氏的学术生涯。即使谊非师生,若胡适、黄濬、梁漱溟、刘海粟、熊佛西等,也均为梁启超1912年归国后相交的后学,亲见亲闻也限于其最后的十余年。

从晚辈的角度看先辈,可能未知全人,也可能缺乏同情。不过,即便会有种种缺憾,受过现代教育的学者一般都具备理性的眼光。这使他们在与前辈学人交往时,每每显得更平等,而不因崇仰便放弃了审视意识。梁漱溟对梁启超的主动过访,一直心存感激,文中一再道及梁氏的知遇之德。然而,这并不妨碍其评论的客观性。如以梁与蔡元培相比较,谓"当他的全盛时代,年长的蔡先生却默默无闻";而到"五四"运动以后,他的讲学著述则"完全是受蔡先生在北京大学开出来的新风气所影响"。之所以有此差别,是因为"任公的特异处,在感应敏速,而能发皇于外,传达给人。他对于各种不同的思想学术极能吸收,最善发挥,但缺乏含蓄深厚之致,因而亦不能绵历久远。像是当下不为人所了解,历时愈久而价值愈见者,就不是他所有的事了。这亦就是为何他三十岁左右便造成他的天下,而蔡先生却待到五十多岁的理由"。梁漱溟还用了一个很妙的比喻:"蔡先生好比汉高祖,他不必要自己东征西讨,却能收合一批英雄，共图大事；任公无论治学和行文，正如韩信将兵，多多益善，自己冲锋陷阵，所向无前。"而那好处便是："他给予人们的影响是直接的，为蔡先生所不及。"(《纪念梁任公先生》）这些话，可谓之入木三分。

　　胡适作为新文化运动的领袖，与梁启超的往还之间不无微妙处。此番虽不是梁先枉顾，但胡之投书于梁，仍然是因闻知所著《墨家哲学》蒙梁氏嘉许，梁且愿以自己收集的墨学资料见示，故此求见（见胡适《致任公先生书》）。而胡适日记中更坦白的记述，则展现出新一代学者的学术自信与领导潮流意识。胡已自觉不必借重前辈学人，因而虽讲到"近年他对我很好"，却并无特别的感激。梁氏在北大第三院大礼堂演讲《评胡适之〈中国哲学史大纲〉》时，胡适甚至以为"这是他不通人情世故的表示，本可以不去睬他"。第二日经人劝说才到会，又出之以"合串好戏"的逢场作戏姿态，不免露出年少气盛的倨傲之情。待到梁启超去世，胡再检讨此事，已较为心平气和，而将"在北大公开讲演批评我的《哲学史》"，与"民八之作白话文"，以及"请我作《墨经校释》序而移作后序，把他的答书登在卷首而不登我的答书"一起，理解为梁对其"稍露一点点争胜之意"，并肯定"这都表示他的天真烂漫，全无掩饰,不是他的短处,正是可爱之处"。胡适承认,他原先"有点介意",不过,后来还是"很原谅他"。

由于距离远近及感情厚薄,对同一人有时也会产生截然相反的评价。即如梁启超常被人指责为"阴谋家",或以为是"反复无常"的小人。但与梁氏亲近者感觉显然两样。随侍身边的弟子对梁的体会是"坦率天真,纯粹一学者,交际非其所长,尤不知人,为生平最短"(超观《记梁任公先生轶事》);晚年过从甚密的胡适也认为:"任公为人最和蔼可爱,全无城府,一团孩子气。人家说他是阴谋家,真是恰得其反。"(《胡适的日记》)"阴谋家"的印象多半来自"反复无常"。故对梁之"善变""屡变",毁誉参半。怒之者谓其"卖朋友,事仇雠,叛师长,种种营私罔利行为,人格天良两均丧尽"(谭人凤《石叟牌词》);而为之辩解者也不乏其人。弟子辈的说法是,"大事不糊涂,置恩怨于度外,则鲜有人及之者"(超观《记梁任公先生轶事》),直认出以公义的能变为其最高美德。郑振铎的话则最为人知晓:

> 然而我们当明白他,他之所以"屡变"者,无不有他的最强固的理由,最透彻的见解,最不得已的苦衷。他如顽执不变,便早已落伍了,退化了,与一切

的遗老遗少同科了；他如不变，则他对于中国的供献与劳绩也许要等于零了。他的最伟大处，最足以表示他的光明磊落的人格处便是他的"善变"，他的"屡变"。（《梁任公先生》）

郑氏可算是梁启超相交无多的知己，难怪丁文江对此文有"已经发表的论任公的文章，自然要算他第一了"（《致胡适书》）的评语。其实，早在1907年，梁友孙宝瑄已说过相近辩词："盖天下有反覆之小人，亦有反覆之君子。人但知不反覆不足以为小人，庸知不反覆亦不足以为君子。盖小人之反覆也，因风气势利之所归，以为变动；君子之反覆也，因学识之层累叠进，以为变动。其反覆同，其所以为反覆者不同。"（《忘山庐日记》）而也不待孙氏为之分辨，梁启超本人1903年便已发表"不惮以今日之我与昔日之我挑战"（《政治学大家伯伦知理之学说》）的名言。李任夫二十年代所听到的梁氏自辩，与郑振铎的判断于是不谋而合："我的中心思想是什么呢？就是爱国。我的一贯主张是什么呢？就是救国。"（《回忆梁启超先生》）所以郑氏说："他的宗旨他的目的是并未变动的，他所变者不过方法而已。""爱国"正是万变不离其宗的宗旨与目的。假如不是政治上的反对派，现代的学者倒更容易接受梁氏自己的表白。而在政敌一方，也还有像陈少白这样知之较深者，看出"救国才是他的宗旨"（《兴中会革命史要》），虽然以为梁氏跟随康有为作保皇党，那方法是错误的。

梁启超晚年的许多故事，似乎都在加强其诚恳待人的印象。在徐志摩与陆小曼的婚礼上，教训徐不该离婚；见梁济遗书，述其五次造访而未得一遇，请书扇联而不得一字，因而致书梁子漱溟，痛切自责为"虚骄慢士"，深自悔恨。后举感动的不只是梁漱溟，创造社成员阿英也为其"态度的诚恳，认过的勇敢"而心折（《梁任公的晚年生活》）。而梁对徐氏则是爱之深，故责之切，丁文江以为从中"也很可以发现任公的为人——热心，富于责任的观念"，并表示"我生平最爱任公这点"（《致胡适书》）。

而与梁启超此一性情有关，在现代文化界引起巨大反响的事件，则要数梁之割肾。1926年2月，因尿血症久治不愈，梁启超不顾朋友们的反对，毅然住进协和医院，施行手术。不料，所切除之右肾，经检查并无病变，而原疾亦未治愈，且终因此而早逝。平生老友伍庄于《祭文》中即痛责医生"辨症不真"，愤言："予不用爱克司光镜，予知致君之命在于割肾。"并因而"益发愤求中国之医学，断不令彼稗贩西说者毁我国珍"。知交徐佛苏的挽联也于此深致其愤慨:"何友邦许多医家,既盲割其肾脏,复昧察其病源,岂非科学杀人乎,人命如此险,公应难瞑目九泉。"友朋们为之抱屈尚非其身后事,即在当日,谴责之声已是充盈于耳。梁启勋的《病院笔记》尝详述其手术过程,陈西滢的《"尽信医不如无医"》更完整叙说了治疗的全部经过所给予病人的痛苦:

> 腹部剖开之后,医生们在左肾（按:应为右肾）上并没有发现肿物或何种毛病。你以为他们自己承认错误了么?不然,他们也相信自己的推断万不会错的,虽然事实给了他们一个相反的证明。他们还是把左肾割下了!可是梁先生的尿血症并没有好。他们忽然又发现毛病在牙内了,因此一连拔去了七个牙。可是尿血症仍没有好。他们又说毛病在饮食,又把病人一连饿了好几天。可是他的尿血症还是没有好!医生们于是说了,他们找不出原因来!他们又说了,这病是没有什么要紧的!

陈西滢与徐志摩于是为梁氏的"白丢腰子"（徐志摩语）而向

协和声罪,在《现代评论》与《晨报副镌》上引发了一场争论。参加者不只是批评与为之辩护的协和医学校学生两方,还有单就梁氏病情而为之诊断献计者。这场论战尽管被鲁迅讥讽为"自从西医割掉了梁启超的一个腰子以后,责难之声就风起云涌了,连对于腰子不很有研究的文学家也都'仗义执言'"(《马上日记》),但徐氏的发言仍有其不该责备的公众立场:"我们并不完全因为梁先生是梁先生所以特别提出讨论",而且认为,"这次因为是梁先生在协和已经是特别卖力气",更值得考虑的问题其实是"我们病了怎么办"(《我们病了怎么办》)。

在对协和的谴责占压倒优势的舆论声中,梁启超的表现极其可贵。作为一名受害者,梁氏本有充分的理由向协和发难,但他反而站出来为协和说话。他也明知"这回手术的确可以不必用","手术是协和孟浪错误了",却还是发表了《我的病与协和医院》一文,对做了错事的协和"带半辩护的性质"(《与顺儿书》《给孩子们书》)。文章开头列举了三条写作的原因,向为之担心的亲友报告病情,解除人们对协和的误会,而第三条"怕社会上或者因为这件事对于医学或其他科学生出不良的反动观念",才是促使梁氏抱病动笔的主因。这与其对科学的一贯信仰态度一致。梁启超"素信西医"（伍庄《梁任公先生行状》），只因他将西医看作科学的代表，为协和辩护便带有为科学辩护的深意。对被割的右肾，他客观地说："后来回想，或者他'罪不至死'或者'罚不当其罪'也未可知，当时是否可以'刀下留人'除了专门家，狠难知道。"他要求"言论界对于协和常常取奖进的态度，不可取摧残的态度"，于是自己率先示范。在文章的末尾，梁启超诚恳地讲到：

> 科学呢，本来是无涯涘的。……我们不能因为现代人科学智识还幼稚，便根本怀疑到科学这样东西。即如我这点小小的病，虽然诊查的结果，不如医生所预期，也许不过偶然例外。至于诊病应该用这种严密的检察，不能像中国旧医那些"阴阳五行"的瞎猜。这是毫无比较的余地的。我盼望社会上，别要借我这回病为口实，生出一种反动的怪论，为中国医学前途进步之障碍。——这是我发表这篇短文章的微意。

梁氏仍然一如既往地相信西医亦即相信科学，最终，他还是病逝于协和医院。徐佛苏愤极而言的"科学杀人"，梁启超或许至死也不愿承认；而谓其为科学献身，当可许为知音。

此中尚有一小细节，亦能见出梁启超的品格。其弟的《病院笔记》提及，手术中做副手的美国人，乃一极有名的外科医生，"未施手术之先，院中人有为余相庆者，谓此大夫两月后即返美国，君家之机会佳哉"。但届时主刀者却为中国大夫刘瑞恒。梁启勋推测其中缘故："计刘之所以越俎而动者，乃徇任兄之请，任兄之所以请刘动手者，乃国际观念，谓余之病疗于中国学者之手，国之光也。一旦感情冲动，遂不惜以身试法，亦奇矣。"这又是梁氏富于爱国意识的明证，故随时随地均有表现。

至于梁启超早年因作《时务报》主笔、宣传变法维新而声名鹊起，因戊戌政变流亡日本、致力于输入西学而影响广泛，已彰彰在人耳目，不必细说。其归国后的举措——与告发谭嗣同等致使六君子蒙难的仇人袁世凯合作，出任司法总长；反对张勋复辟的通电中斥责康有为为"大言不惭之书生"，使得师弟反目——正是引起"置恩怨于度外"与"卖朋友，事仇雠，叛师长"的歧异评价出现的具体事例。对梁之政绩，世人基本以"失败"一语论定之。梁之诤友周善培总结道："任公有极热烈的政治思想、极纵横的政治理论，却没有一点政治办法，尤其没有政治家的魄力。"(《谈梁任公》)这和弟子辈"纯粹一学者"的说法正相合。虽无实际操作的政治能力,"大事不糊涂"仍是其特出的优点。张荫麟从中国近代学术史上研究梁启超的地位,尽管认为1912—1918年"实为先生一生最不幸之时期"(《近代中国学术史上之梁任公先生》);缪凤林却于承认梁此期"从政最失败"的同时,表彰"帝制一役厥功最伟"(《悼梁卓如先生》)。与梁启超一起潜赴云南的黄群所写《梁任公先生入桂纪行》与《滇桂纪行》二文,以及伍庄的《梁任公推翻洪宪轶闻》,均描述了梁氏在护国战役中的重要作用及履危蹈险的赴义行动,因而章太炎挽联中才会有"共和再造赖斯人"的高度推许。

评价梁启超的政治功过,非此短文所能胜任。而且,从政与治学所需要的能力、品格本不相同。作为政治家的梁启超或许犯过不少大错,而作为学者的梁启超,其正面影响总还是占据上风。1922年,胡适作《谁是中国今日的十二个大人物》,便将梁氏列入"影响近二十年的全国青年思想的人"之中。如果排除专家的意见,只考虑普通读者的眼光,1935年《青年界》杂志组织的征文活动"我在青年时代所爱读的书"于是值得特别关注。刊出的来稿共四十八篇,各种各样的人爱读的书也五花八门,而其中提到梁氏著作的便有七篇，约占七分之一。题目中直接标出《饮冰室全集》的已有两篇，并且，第一篇即是由谢六逸所写的《饮冰室全集》一文。文极短，录如下：

> 我在青年时代最爱读梁任公的文章，就我的经验说，现在的青年与其读《古文辞类纂》，不如读梁启超的《饮冰室文集》，即使根本不需要读文言文，此书亦可一读。

这组文章给胡适的说法提供了最佳注脚。死时寂寞的梁启超可以感到安慰了，在他去世多年以后，读者大众仍没有忘记他，青年时代爱读的书往往使人终身受益，终身难忘。

1995年12月3日于京西蔚秀园

（原刊《读书》1996年第6期，本为中国广播电视出版社1997年版《追忆梁启超》后记）

我欲只手援祖国
——说秋瑾的女杰情怀

近代以来,绍兴出了不少名人,而女性中最著名的,首推秋瑾。在晚清内忧外患、国势危殆的时局刺激下,秋瑾从一个才媛淑女成为一名舍生取义的女革命家,其人生道路颇具典型意义。

根据秋家家谱,秋瑾于阴历乙亥年即公元 1875 年出生在福建,那时,她的祖父正在福建地区做官。1893 年,秋瑾十九岁时,又随进入仕途的父亲来到湖南。在此之前,她曾回家乡绍兴居住,读书受教育,并向表兄弟学习剑术。二十二岁,秋瑾在湖南出嫁,丈夫是湘潭有名的富家子弟王子芳(字廷钧)。这桩婚姻完全是按照传统士绅家庭的规矩,由家长包办的。婚后,秋瑾生下了一子一女。假如生活是在最初设定的轨道上周始往复,秋瑾很可能只是掩埋在历史深处的一位普普通通的家庭主妇，最好的前途不过是有诗文流传于世的才女，那样，我们也许会失去今日为众人所熟悉的秋瑾形象。

可以支持我们这个观点的，是秋瑾居住湖南时期写下的许多诗词。其中大量的题材是伤春惜花、思亲怀友。如《踏青记事》诗记述秋瑾与女伴们一起在春日出游，第二首后两句为："一湾流水无情甚，不送愁情送落红。"前来赏花的秋瑾，眼中所见的却是流水落花，充溢心中的自然是一片无法排遣的愁绪。这种情形，被她诗意的描写为"流水无情"，"不送愁情送落红"。如果说，秋瑾婚前尚有一些快乐的时光，在她的诗中留下了若干少女欢快的音响，那么，出嫁以后，这份情感便难得一现，而更增添了思念亲人的感伤。《秋日感别》其一抒写的正是此情此景：

昨宵犹是在亲前，今日相思隔楚天。
独上曝衣楼上望，一回屈指一潸然。

与父母兄妹的分离，即使是同在湖南而分隔两地，已使婚后的秋瑾如此悲伤，这也从一个侧面揭示了秋瑾在丈夫家中并未感到自由自在，倒不乏作客他乡的孤独与寂寞。

虽然这一时期的诗词多属闺怨主题，但秋瑾不同于写《断肠集》的宋代女诗人朱淑真处，就是她的诗中仍透出英风豪气，用古代诗评的说法，可称之为"骨力"，而这一点正是以其性格为底蕴的。《秋瑾集》中有一组为《芝龛记传奇》题写的诗，共八首，应该是在湖南创作的，可以作为此类诗作的代表。清代人董榕所写的《芝龛记》之所以会引起秋瑾浓厚的兴趣，完全是因为剧本的内容是表现明代末年两位女将军秦良玉与沈云英的事迹。尽管秦良玉除了抗击后金军队建立卓著功勋之外，也与沈云英一样同农民起义军作战，但秋瑾敬佩的显然只是二人身为女性，却能驰骋疆场，保家卫国，赛过男子。《题芝龛记》中不仅以赞美的笔调刻画秦良玉作为一名土家族女将的戎装英姿，"靴刀帕首桃花马，不愧名称娘子师"，叙述沈云英率十余人从敌人营垒中夺回战死的父亲遗体，"百万军中救父回，千群胡马一时灰"，而且通过"同心两女肩朝事，多少男儿首自低""肉食朝臣尽素餐，精忠报国赖红颜"的反复咏叹，把女子独立肩负救国重任的意思发挥得淋漓尽致。

值得注意的是这时所写的《杞人忧》一诗，诗题虽然取自"杞人忧天"的成语，似乎属于庸人自扰的思虑，但说的是反话，因为国家命运的危机确已迫在眉睫。这是一首七绝：

> 幽燕烽火几时收，闻道中洋战未休。
> 漆室空怀忧国恨，难将巾帼易兜鍪。

"幽燕"指的是古代幽州与燕国，大致相当于现在的河北北部到辽宁一带，包括北京地区。因而，这首诗感慨的时事显然是发生在北方的义和团运动及八国联军入京事件，诗人忧伤这一场正在进行的中外战争不知几时才能结束。"漆室"本是春秋时鲁国的一个地方，因为那里有一普通女子为国君年老、太子幼小而忧虑，虽然被人劝解，说"那是官员们操心的事情"，她还是回答："国家有难，君臣父子会蒙受耻辱，难道唯有妇女可以幸免于难吗？"秋瑾用这个典故恰当地表现了她的"忧国恨"。不过，她认为，只是忧愁无济于事，而希望能把自己的头巾换成战士戴的头盔，也就是"兜鍪"，亲身上战场杀敌。但这个愿望不能实现，只好说是"空怀"此恨。这首诗直接表达了对国事的深切忧虑，在秋瑾此期诗作中很少见，倒更显得珍贵。忧心国事，向往如同秦良玉、沈云英一般的英烈行为，也是日后秋瑾走向革命、舍生取义的伏线。

说到秋瑾走上革命道路的原因，也绝不能忽略其婚姻状况。从婚后多篇思亲诗中，我们已隐约感到这桩婚事并没有使秋瑾幸福。秋瑾的丈夫王子芳是王家的小儿子，王家靠经商致富，家庭中不会有多少文化气息。王子芳本人性格软弱，缺少才干，却保留了富家子弟常有的一些恶习。秋瑾对丈夫的不满，在一首题为《谢道韫》的诗中表现得十分清楚。这首诗借感叹东晋才女谢道韫所嫁非人，吐露的本是秋瑾自己的心事：

咏絮辞何敏，清才扫俗氛。
可怜谢道韫，不嫁鲍参军。

前两句诗夸赞谢道韫才华出众，用了一个著名的典故：有一次，谢道韫的叔父谢安正与子侄们聚谈，忽然天降大雪，谢安随口问："白雪纷纷何所似？"谢安的侄子谢朗回答说："撒盐空中差可拟。"意思是说，用空中撒盐可以比拟白雪纷纷的景象。谢道韫觉得不太恰当，接了一句："未若柳絮因风起。"谢安听了很高兴。因为柳絮轻柔，可以随风起舞，比颗粒结实的盐更能传写出雪花漫天纷飞的神韵。因此，"咏絮"便成为形容有文学才能的女子常用的说法。秋瑾这首诗的重点在后两句,她对谢道韫的婚姻充满了同情。根据《世说新语·贤媛》篇的记述,谢道韫嫁给王凝之后,心中不快。谢安安慰她说:"王郎(指王凝之)是王羲之的儿子,资质也不错,你为什么这么看不起他?"谢道韫由于从小生活在人才济济、出类拔萃的谢氏家族中,眼界很高,说起自己家门中的叔父、兄弟,都是聪明绝顶的人物,因此抱怨:"不意天壤之中,乃有王郎!"(没想到天地之间,竟还有王郎这样的人!)后来因以"天壤王郎"比喻不如意的女婿。谢道韫既然以为王凝之不理想,秋瑾便替她设想,觉得她应该嫁给才气横溢的鲍照才般配。让谢道韫与鲍照联姻在现实中并无可能性,因而它只是表达了才女与才子结合才会幸福的婚姻愿望。或者更直接地说,这首诗写出了秋瑾对王子芳的不满意。有人据此推断说:秋瑾"走入革命之途,由于天壤王郎之憾"(陶在东《秋瑾遗闻》)。这种说法虽过于简单,却并非全无道理。

不过,婚姻的不如意到底只是秋瑾投身革命的原因之一,她对英雄壮举的仰慕以及本人的豪侠性格,都使她更容易受到时势的刺激,而转向以激烈手段实现其救国目的。就此而言,王子芳用钱捐了个户部主事的官职,带秋瑾入京,可以说是使这种转变完成的契机。

秋瑾北上的时间，研究者有不同意见，大致可定在1902年。当时的北京，虽不如上海思想开放、言论激烈，受西方文化影响而产生的新学却也相当流行，对年轻的知识者尤其有吸引力。秋瑾本以才学自负，又怀有高远的理想，一旦到达京城，读到各种新书新报，接触众多新学之士，自然如鱼得水，原先潜藏的能量迅速释放，其思想进步可谓一日千里。这一时期，秋瑾很喜欢读梁启超主编的《新民丛报》，刊登在这本刊物上、由梁启超写作的《罗兰夫人传》给她留下了深刻印象。法国大革命中，罗兰夫人被她的政敌送上了断头台。虽然她的温和派立场与秋瑾后来的选择不同，但是作为一位勇于献身的爱国者，罗兰夫人还是赢得了秋瑾始终不变的尊敬，在她牺牲前一年所写的弹词《精卫石》序中，仍提到罗兰夫人，把她视为女界的楷模。由于丈夫王子芳与廉泉同在户部任职，且两家住处相近，秋瑾很快认识了廉泉的夫人吴芝瑛，结成莫逆之交。她又通过积极参与北京的女学堂、妇女座谈会等活动，与京城活跃的新派妇女来往密切，成为她们之中的一员，女子独立与解放的意识逐步形成。与此同时，对丈夫的不满进一步公开化，反抗男权与夫权对秋瑾来说，已不只是思想，更是行动。有一次，当王子芳前往妓院吃花酒，却对秋瑾到戏院看戏横加指责时，冲突终于爆发。秋瑾愤而出走，住进客栈。以后更毅然东渡日本留学，完全脱离了丈夫的羁绊。

从北京期间秋瑾的思想状况看，可以认为她已达到了妇女解放的高度。这从服装的改变也可以看出。此时，秋瑾常着男装，以致1904年2月，当她初次与京师大学堂日本教师服部宇之吉的夫人服部繁子见面时，虽然是出现在妇女座谈会上，对方还是会对她的性别产生疑惑。也正是在这段时间，她与吴芝瑛结拜为姐妹，并将一双女鞋、一条裙子送给吴芝瑛，解释说：因已改男装，这些衣物没有用处，留给盟姐作纪念。现在还能够看到一张当年秋瑾穿男装的照片，正像服部夫人所描述的：

> 高高的个头，蓬松的黑发梳成西洋式发型，蓝色的鸭舌帽盖住了半只耳朵，蓝色的旧西服穿在身上很不合体，袖头长得几乎全部盖住了她那白嫩的手。手中提一根细手杖，肥大的裤管下面露出茶色的皮鞋，胸前系着一条绿色的领带，脸色白得发青，大眼睛，高鼻梁，薄嘴唇。

从服部繁子的反应不难得知，当时女性着男装是一种很稀奇、需要勇气的举动。秋瑾用这一行动表现了对"男尊女卑"的社会习俗的挑战。按照她的说法："在中国是男子强，女子弱，女子受压迫。我要成为男人一样的强者，所以我要先从外貌上象个男人，再从心理上也成为男人。"（《回忆秋瑾女士》）这种想法虽显得简单、偏激，却还是真实的体现了秋瑾要求男女平等、女性独立自强的急切心情。

除此之外，京城生活也使秋瑾因贴近政治中心，而对外敌交侵、国家存亡危在旦夕的时局有了清醒了解，从而激起慷慨激昂的天性，渴望在救国事业中大显身手。这一时期，秋瑾以宝刀、宝剑为题，写了好几篇古风，诗歌激越悲壮，充满豪情侠气。她渴望手持利刃，为国征战，《红毛刀歌》里"英灵渴欲饮战血"的诗句，对此作了形象描写。而诗中大量出现的歌颂宝刀宝剑无比锋利的意象，在中国古典诗歌中，一向代表着雄才大略与英雄壮志。因而秋瑾的喜爱刀剑，除了早年的习武、任侠的个性，也显示了自觉"舍我其谁"的救国志士奋发有为的担当精神。被秋瑾写入《剑歌》的那些纵酒悲歌、把剑起舞的诗行，"右手把剑左把酒，酒酣耳热起舞时，夭矫如见龙蛇走"，在此前基本只会产生于男性诗人笔下，这时却成为秋瑾抒发英豪情怀的最佳形象表述。据好友吴芝瑛回忆，秋瑾此时拍摄过舞剑的照片（《纪秋女士遗事》）。现在人们最熟悉的秋瑾穿和服、手持日本短刀的相片，虽是赴日以后所照，仍能表明她对刀剑始终如一的钟爱与痴迷。正因为它展示了人与物的完美结合，这张照片被看作秋瑾的经典图像也就不足为奇了。

而秋瑾从要求男女平权转向暴力革命，从救国无方到以推翻清廷为挽救祖国危亡的唯一途径，这一转变的完成发生在东渡日本留学以后。像近代许多到西方和日本寻求富国强兵之术的先进之士一样，秋瑾也在1904年走上了这条路。留学东京为秋瑾打开了另一片新天地。在用功学习各门课程之外，她也热心于社会活动，成为各种留学生团体中的活跃人物。除照样参与妇女解放事业，恢复与改造已处于停办状态的女留学生组织"共爱会"，秋瑾还直接从事思想与知识的启蒙工作，创办了"演说练习会"，发刊《白话》杂志。而在其留学生涯中最有意义、对她一生来说最重大的事件，是加入孙中山领导的革命团体。秋瑾豪侠激烈的性格与急于找到救国之路的焦虑，使她很容易与当时正在留学界蔓延的革命情绪合拍。因此，来到东京不久，秋瑾就宣誓参加了以推翻清朝、恢复中华为宗旨的革命组织"三合会"。1905年同盟会成立后，她又转为该会会员，并担任浙江方面的负责人。而在这一年的夏天，秋瑾回国探亲时，路经上海，先已加入了在江南颇有号召力的光复会。在很短的时间里，与几个著名的革命社团建立联系，并都能在其中发挥重要作用，这也可以看出秋瑾对武装革命的推崇。1905年11月，因日本文部省公布《取缔清国留日学生规则》，对中国留学生做出种种无理的限制，激起众怒。陈天华蹈海自杀，以示抗议，大批留学生随即归国。秋瑾也毅然放弃学业，于年底离开日本，真正开始从事实际的革命工作。

秋瑾留日以后写作的诗篇，也充满了民族意识，增加了反清革命的内容。由于对暴力抗争所必须付出的牺牲有充分的心理准备，秋瑾于是反复咏唱在革命中流血的意念。像"好将十万头颅血，一洗腥膻祖国尘"（《赠蒋鹿珊先生言志且为他日成功之鸿爪也》）一类的诗句，最准确地传达了秋瑾此时的心事。而她最著名的《黄海舟中日人索句并见日俄战争地图》一诗，其中浓烈激越的情感，也长久感动着无数后来人：

万里乘风去复来，只身东海挟春雷。

忍看图画移颜色,肯使江山付劫灰?

浊酒不销忧国泪,救时应仗出群才。

拼将十万头颅血,须把乾坤力挽回。

这首诗是秋瑾在归国途中,乘船经过日俄海战之处,因看过日俄战争地图,又正好有日本人前来请求赠诗,便将心中所感尽情写出。从发生在中国土地上的这场日本与俄国的战争,引起秋瑾对任人宰割的国家命运的无比忧虑。诗的大意是说:乘风破浪、行程万里,我离开祖国又回来,独自一人横渡东海,却携带着革命的春雷。怎么忍心眼看中国的地图改变颜色,任由外国侵略者占领,我岂能让祖国的土地被列强的战火焚毁?人说"借酒浇愁",酒却无法消除我忧国的愁绪,要想挽救时局,还得依仗杰出的人才。即使牺牲再大、流血再多,也一定要把国家从亡国的危境中解救出来。诗歌尽情吐露了秋瑾以拯救祖国为己任的怀抱,特别是她那种全身心的投入,时刻为国事焦灼激动、寝食难安,在当时的革命者中也不多见。这种先锋意识,使得秋瑾心中时常充满独力承担的悲壮感,所谓"痛祖国之无人"(《致徐小淑书》)、"我欲只手援祖国"(《宝刀歌》),正是这一心情的典型表述。在敬佩其渴望为国献身的精诚之外，我们也不能不指出其个人英雄主义的倾向。

当然，最使我们尊敬的是秋瑾以鲜血实践了她的誓言。回国以后，秋瑾除创办《中国女报》，继续唤醒广大妇女挣脱种种束缚，大量的精力和时间都已用在筹划武装起义上。她积极联络会党，学习制作炸药，并在1907年初，接手主持徐锡麟在家乡绍兴开办的大通学堂，把学校作为起义的指挥部。原约定浙江、安徽同时在阴历六月十日行动，但由于浙江方面的武义、金华事先走漏了风声，被清军各个击破，在安徽的徐锡麟不得不提前行动，于五月二十六日（7月6日）刺杀安徽巡抚恩铭后，英勇牺牲。此时秋瑾如及时撤退，完全可以幸免于难。但在这一生死关头，身为浙江方面起义负责人的秋瑾，已经抱定不成功便成仁的决心。在遇难前五天寄给徐小淑的绝命词中，秋瑾明确地表示了为国捐躯的意志以及对起义失败的悲愤：

虽死犹生，牺牲尽我责任；即此永别，风潮取彼头颅。

壮志犹虚，雄心未渝，中原回首肠堪断！（《致徐小淑绝命词》）

秋瑾最终的遗憾是壮志未酬，没有能够完成拯救祖国的大业；但她为国家、民族的独立自强而奋斗的雄心却是至死不变。个体生命虽会消亡，秋瑾却坚信革命必然成功，"风潮取彼头颅"正是对这一前景不容置疑的预言，仍带有秋瑾一贯的个性特征与魅力。

既然已认定为国牺牲是应尽的责任，秋瑾只期望以自己的死唤醒更多的人。因此，当六月四日（7月13日）大批清军包围大通学堂时，秋瑾早已疏散同志，烧掉文件，做好了准备。逮捕秋瑾的绍兴官府本想通过指认同党，将参与起义的人一网打尽，不料从秋瑾口中竟一无所获。由官方公布的口供尽管当时即受到怀疑，而其中"革命党的事就不必多问了"，倒可以相信是秋瑾的原话。无可奈何的绍兴知府贵福生怕秋瑾的被捕会激起更大的事变，于是急急忙忙请示浙江巡抚张曾敫，于阴历六月六日凌晨时分，匆忙在绍兴的杀人场所轩亭口，用野蛮的斩首刑法将秋瑾处死。这一天是公元1907年7月15日。

秋瑾留在世间的最后一行文字，是她审讯中写下的"秋雨秋风愁煞人"的诗句，所愁之事，由前面引述的"中原回首肠堪断"一句可明了其意，也就是说，直到生命的最后时刻，占据秋瑾心中的仍是忧国忧民之情。

还在 1905 年底归国后不久，秋瑾给仍留在日本的朋友写信，就表达过为反清革命事业（秋瑾信中称为"光复之事"）献身的决心已定："即不获成功而死，亦吾所不悔也。"而其毅然赴死的意义，还在于为女性争光。秋瑾认为，"男子之死于谋光复者""不乏其人"，"而女子则无闻焉，亦吾女界之羞也"（《与王时泽书》）。秋瑾以自己的血，证明了女子与男子有同样的救国热忱、担当精神与牺牲勇气，不仅改写了女界无死于国难者的历史，而且由她的死，一位爱国女性被残忍、腐败的清政府所杀害，因而激起更多的民愤，加速了革命思想的传播与清王朝的灭亡。这也是秋瑾选择牺牲的价值所在。

如果做个总结，秋瑾的一生可以概括为从女性解放到民族解放、从家庭革命到社会革命，她的人生道路缩影式的反映了近代妇女解放的历程。在作为救国先烈被崇仰的同时，秋瑾也以其女性先驱的独立身份，获得了后人永久的敬意。

1996 年 8 月 20 日于京西蔚秀园
（《中华文明之光》，北京大学出版社 2004 年版）

阅读秋瑾
——一代英雌的人生意义

上个世纪80年代初,我曾在绍兴走街过巷,从轩亭口、大通学堂直到和畅堂,一路追踪、寻觅秋瑾的遗迹。当街而立的秋瑾烈士纪念碑,学堂中秋瑾开枪拒捕的图画,故居小屋里焚烧秘密文件的说明,在在加固着秋瑾作为革命先烈留在我心目中的光辉形象。

那是真实的秋瑾,只是并不完全。

十五年后,我试图回到历史现场,考察晚清人眼中的秋瑾之死,进而追索秋瑾思想演进的历程。我从尘封的旧报刊中发覆拾遗,在同时代人的回忆中体味辨析,与秋瑾的作品相互比照,先前被革命光影笼罩的单色的秋瑾人生,在我的眼里于是变得丰富多彩。其人于可敬之外,又多了一份可亲。

读秋瑾湖南家居时期的诗词，伤春惜花、思亲怀友的传统闺怨主题一再呈现。秋瑾为此赢得的"女才子"之名，也使我很难将那时的她与古代的才媛淑女区别开来。我认定，假如秋瑾始终闭居湘潭，她很可能只是一位被掩埋在历史深处的普通家庭主妇，最好的情况也不过是有诗文传世的才女，一如宋代的李清照与朱淑真。

幸而1902年，秋瑾有机会随丈夫北上京华。此时"天子脚下"的北京虽仍为清王朝政治统治的中心，无孔不入的新思潮却也开始源源不断地涌入。新环境所提供的契机改塑了秋瑾的人生，或者可以说，敏感的女诗人及时抓住了新机遇。秋瑾获读新书新报，结识新学之士，原先受压抑潜藏的渴望与个性，迅速被激活并得到放大。如鱼得水的秋瑾在北京新学界的脱颖而出，已是指日可待。

于是，在1904年2月1日的天津《大公报》上，我读到了目前所知最早的关于秋瑾事迹的报导。那则《创设女学》的通讯，提及一所即将在北京南城绳匠胡同（今名菜市口胡同）开办的女学堂，已"延浙江秋女士为教习"。记者兴奋的是"北京女学此为权舆"，我感兴趣的却是秋瑾的女教习身份。

1904年2月，京城的知识女性结成了一个以"昌明女学、广开风气"为宗旨的小团体，取名为"中国妇女启明社"。那应该是近代北京历史上第一个妇女社团。秋瑾很快成为其中的一员。京师大学堂日本人教习服部宇之吉的夫人繁子,应邀作为该社的名誉员,在定期的聚会中"演说普通女学"。她记述的秋瑾形象,也与我们熟悉的那个身穿和服、手持短刀的革命标准照迥异:

> 高高的个头,蓬松的黑发梳成西洋式发型,蓝色的鸭舌帽盖住了半只耳朵,蓝色的旧西服穿在身上很不合体,袖头长得几乎全部盖住了她那白嫩的手。手中提一根细手杖,肥大的裤管下面露出茶色的皮鞋,胸前系着一条绿色的领带,脸色白得发青,大眼睛,高鼻梁,薄嘴唇。(《回忆秋瑾女士》)

现有一张笑容可掬的秋瑾照片可为证明。而在秋瑾所有存世的遗像中,这张留影给我的印象尤其深刻。

从北京时期的喜穿男式西装,到就义时仍身着玄色纱长衫,男装已先入为主地成为秋瑾在国内与世人相见、最具性格特征的常服。而我从中读出的,是秋瑾对传统"男尊女卑"社会定位的抗争,以及与旧我决裂的女权意识的觉醒。其《满江红》词中语,"身不得,男儿列;心却比,男儿烈",已将这一心事吐露无遗。

令我关注的还有秋瑾的"行"。一反北方官绅女眷乘车的垂帘深坐,此时穿行街市的秋瑾,乃是"首髻而足靴,青布之袍,略无脂粉,雇乘街车,跨车辕坐,与车夫并,手一卷书",令世人惊怪。世交陶在东谓之"名士派"(陶在东《秋瑾遗闻》),我更愿意相信,那是秋瑾蔑视礼教大防的有意"犯规"。

秋瑾赴日留学的目的,最初见诸报端,亦称说其因"未经身亲文明教育",不敢冒昧担任女学堂教习,"故极意游东瀛,以觇学务"(《女士壮志》,1904年3月1日《大公报》)。则小而言之,此行是为个人取得办好女学堂的合格资历;大而言之,研究日本女子教育、为中国女学取法也在意中。

那以后秋瑾走向革命的经历,人们已耳熟能详。不过,于策划起义之外,秋瑾另一面的活动同样值得关注:归国之初的执教浙江湖州浔溪女学,远赴爪哇兴办女子教育的计议,均坚持了其此前推进女学以谋求女权的理想。创刊于1907年1月14日的《中国女报》,明白宣布的宗旨,也首标"开通风气,提倡女学"(《创办中国女报之草章及意旨广告》)。第二期刊登的秋瑾自撰词曲的《勉女权》更高唱:

> 我辈爱自由，勉励自由一杯酒。
> 男女平权天赋就，岂甘居牛后？
> 愿奋然自拔，一洗从前羞耻垢。
> 若安（按：即法国的圣女贞德）作同俦，恢复江山劳素手。

> 旧习最堪羞，女子竟同牛马偶。
> 曙光新放文明候，独立占头筹。
> 愿奴隶根除，智识学问历练就。
> 责任上肩头，国民女杰期无负。

除"恢复江山"与"奴隶根除"隐约透出民族革命的意味，全首歌唱的主旋律，仍在实行女学、振兴女权。因此，如果将秋瑾的人生经历概括为从女性解放到民族解放、从家庭革命到社会革命，我想补充的一点是，二者乃相辅相成，而决非舍此取彼。

我还应该坦白地承认，如此阅读与理解秋瑾，自然是因为多了一重女性主义的眼光。正如秋瑾思想的变迁可以作为测试晚清思潮风云变幻的晴雨表，我们原无法自外于时代。

回到晚清，对秋瑾之死意义的争论，也许早已超越了当初特殊的语境，延续成为一个世纪的话题。

1907年，国内舆论界为了抗议清朝官方的残暴专制，异口同声地认定，秋瑾所倡之"革命"，乃是"男女革命""家庭革命"，而绝非"种族革命"；秋瑾的社会身份只是新学堂女教习，而绝非起事暴动的革命党。据此，秋瑾遭虐杀便成为十足的"冤案"。小说、戏曲之以《六月霜》为题演述秋瑾故事，更将这层意思发挥到极致，作者取譬的对象，明显是关汉卿笔下那位冤屈而死的弱女子窦娥。如此言说虽不免走样，明眼人却不难看出其用心良苦。秋瑾之死也因此在关乎学界前途与女界未来的意义层面上，得到极力张扬。

远在海外的革命同志无所顾忌，当然可以直言不讳地表彰，"（秋）瑾之素志，惟在革命"，并特别强调"其所昌革命，则种族革命也，不得以男女革命相饰"。论述秋瑾赴死的意义，也正是"所谓求仁得仁"，"复因一人之死，以激发数千百人之革命"，其作用岂不伟哉！诸人以革命先烈推崇秋瑾，乃是以革命为天经地义、名正言顺的神圣事业。故国内报刊的曲意辩护，落在急于伸张革命之道的同志眼中，便被指为"以非革命诬（秋）瑾，乃瑾之大冤"。

他们生怕秋瑾之"革命事迹"遂"将湮没不传",极而言之,则国内的回护适成"秋瑾之奇冤"(志达《秋瑾死后之冤》,《天义》第15卷,1908年1月)。

辛亥革命以后,尘埃落定,孙中山一幅"巾帼英雄"的题词,使"秋瑾革命传"(借用秋女灿芝所著"革命历史长篇小说"之名)成为大半个世纪论述的主线;秋瑾之为女界先进的光荣不免一时黯淡,这倒为今日的重新发现留下余地。

其实,在我看来,对于秋瑾最合适的称呼与概括,还是那个创造于晚清却未能通行的"新名词"——英雌。那也是秋瑾在影写心事的弹词《精卫石》中所用的称谓。一批负有"扫尽胡氛""男女平权"两大重任的女界先知降临人间,而叙述这节缘起的回目,正题作"觉天炯炯英雌齐下白云乡"。

英雌秋瑾,魂兮归来!

2002年1月12日于京北西三旗

(原刊2002年1月14日《北京青年报》)

来自巴黎的警报
——梁启超与"五四"运动

1918年12月28日,梁启超在上海登船,踏上了欧游之路。一年前,因力主对德奥宣战备受责难的梁氏,此时心情仍不轻松。一战以同盟国的失败而告终,中国得以跻身战胜国之列;前言应验,冤狱得直:于公于私,前任财政总长都该欣喜不已。但恰恰是在11月11日停战喜讯传来的一周内,于举国欢腾之中,任公先生偏偏以沉重的笔调,撰写了《对德宣战回顾谈》一篇长文,历数前事,"以为惩前毖后之一助"。末段检讨当权者犹豫不决,未能听从其建议,出兵西欧战场,坐失千载一时之良机,使得"我国能否列席平和会议尚至成一问题",为国家痛已远胜于为个人幸。

虽然一如既往地眷顾国事,去年底辞职的梁启超,这一回却当真退出了政界。即使总统徐世昌亲发一电,邀其来京面商,并"以欧洲不日将开媾和会议,此事关系吾国前途非常重大,非得如任公其人者亲赴欧洲,随时与折冲樽俎之员筹商擘画,以便临机肆应不可",嘱人敦劝梁氏鼎力襄助(《元首电招梁任公来京》,《国民公报》1918年11月23日),以国事为重、决意赴欧的梁启超,仍不肯受命于当局。在允诺"于讲和会议有可以为国尽力处,亦自当尽力"的同时,梁氏也一再声明,此行"与政府方面无关,以私人资格赴欧观察一切"(《梁任公昨已抵京》,同上11月24日)。

强调私人身份,实即突出民间立场,对其中的真实含义,梁启超也有明确阐发。所谓"亦诚欲邮达吾国民多数所希望,诉诸彼都舆论,以冀为当局之助"(《关于欧洲和会问题我舆论之商榷》),还是假设政府与国民取向一致;更深层的考虑则在"督促政府",因而要求"国民审察内外形势,造成健全之舆论"(《在国际税法平等会演说词》),这意味着国民对政府必须承担监督和批评的责任。怀抱此一政治理念上路的梁启超,注定无法与政府趋同。其拒绝成为官方的代言人,实在有先见之明。

经过漫长的海上航行与短暂的陆路观光,1919年2月18日,梁启超终于抵达巴黎,其时距和会开幕正好一月。

刚到法京的任公先生，置身新环境，显然心情愉快，对中国外交前途不免看得乐观。23日传送给国内同人的第一封电报，开头便说："抵英即闻和会已提青岛问题。顷抵法，略悉此间经过情形，大致与吾辈在京主张相同，颇为欣慰。"以下的话，既是对"吾辈在京主张"的追述，也表现出对此理据不容置疑怀有充分的信心，因此说得斩钉截铁：

> 宣战后，中德条约根本取消，青岛归还已成中德直接问题。日虽出兵，地位与诸协约国等，断不能于我领土主权有所侵犯，更不能发生权利继承问题。

此时，梁氏只对提出继承要求的日本有所疑虑，而于和会本身，则抱有美好的期望：

> 总之，此次和会为国际开一新局面，我当乘机力图自由发展，前此所谓势力范围、特殊地位，皆当切实打破。凡约章有戾此原则者，当然废弃，青岛其一端耳。

与在国内时思路相同，中国既为战胜国，德方利用不平等条约，自1898年起长期侵占的胶州湾，战败后当然应该归还中国。在梁启超看来，此乃势所必至，理有固然，不成其为问题。因此，欧游前，论及青岛归属，梁氏直以"本不待论"一笔带过，而将注意力集中在继发的关乎国家命脉的诸种权益获取上。若概而言之，那便是任公先生在国内外一系列的演讲与文章中反复申述的三条：破除势力范围、撤销领事裁判权与改正关税。其时，梁氏更注重的是策略的运用与步骤的讲究。为此，他专门撰写了《关于欧洲和会问题我舆论之商榷》，论述我方要求若想发生效力，"第一，当求有价值；第二，当求一致"："故我于各种条件中，宜择其题目尤正大而为国家生存所必要者三数端，格外注重，而舆论所鼓吹，亦以此为焦点，庶几简要专壹，易于期成。"抵法后，在上述电报中，也不忘提醒"内外当辅，切宜统筹兼顾，进行次第，极当注意"。

而梁启超与国内舆论界一致怀抱的归还青岛、不在话下的放心态度，也建基在对盟国，尤其是美国会主持公道的信赖上。梁氏于巴黎和会本寄望甚殷，以为此次"全世界之国际关系，将有所改造焉"（《关于欧洲和会问题我舆论之商榷》）。去国前，他为英文宣传赶写的一篇文稿，中文原作即迳名以"中国国际关系之改造"；在法国《巴黎时报》刊载的文章，也以"中国与列强在远东政治关系上必要之更改"为题。梁氏相信，此时"正当正义人道大放光明之际"，"主持正义人道之诸友邦"必可为我"伸理"。一切正如他后来所自嘲，"那时我们正在做那正义人道的好梦"（《中国国际关系之改造》《关于欧洲和会问题我舆论之商榷》及《欧游心影录·巴黎和会鸟瞰》）。

因美国总统威尔逊（Woodrow Wilson）、英国首相劳合·乔治（David Lloyd George）回国，法国总理克列孟梭（Georges Clemenceau）遇刺养伤，梁启超抵法时，和会正处于暂时停顿状态，他便趁机外出游览战地。当然，出游之前，任公先生仍相当尽责，以他那"别有一种魔力"的如椽健笔，写作了《世界平和与中国》的小册子，申诉中国国民的要求，译成英、法文，广为散发。文中对于日本谋占山东之无理痛加驳斥，以之为中国的深忧巨患：

> 日本于日俄战役后，既以全辽为势力范围，今次战役后，复以全鲁为势力范围，南北包围，而北京几不复能自保。盖经此大战而中国境内势力范围之色彩，乃转加浓厚，形势险恶过于战前。

其说陈明利害,意在打动欧洲舆论,以共同制止日本的阴谋得逞。

而到达巴黎之后,一向被政府隐瞒的去年9月中日有关山东问题的密约内容已经传开,这实际上等于承认1915年的"二十一条"仍然有效,日本可以继承德国在山东的权益。出游途中的梁启超大为愤慨,于是致电国人,公布此情,严厉谴责政府误国:

> 交还青岛,中、日对德同此要求,而孰为主体,实目下竞争之点。查自日本占据胶济铁路,数年以来,中国纯取抗议方针,以不承认日本承继德国权利为根本。去年九月,德军垂败,政府究何用意,乃于此时对日换文订约以自缚。

不过,梁启超此时对据称为和会基础的威尔逊"公正与持久和平"的十四条宗旨仍深信不疑,因而一厢情愿地认定,与之背离的中日密约"可望取消"。这封同时也"乞转呈大总统"的电文,对当局亦提出忠告:"尚乞政府勿再授人口实,不然,千载一时良会,不啻为一二订约之人所坏,实堪惋惜。"(3月11日电)此语后竟不幸而言中。

3月17日战场归来，梁启超立即以私人身份积极开展民间外交。19日，在万国报界联合会发表演说，梁氏仍力陈山东为日本攫取的严重性：

> 虽然，若使德人侵略所得之遗产，复有一国专起而继承之，则拒虎进狼，隐患滋大。此种危机，不趁此时设法消弭，则不出十年，远东问题必为第二次世界大战争之媒，吾敢断言也。（《万国报界联合会欢迎梁任公先生详情》）

25日，任公先生又与威尔逊总统会晤，秉此意向其解释山东问题的性质。而和会形势日益对中国不利，身在场外的梁启超自是心急如焚，于是警电频传，切望国内民间团体与舆论界一致对政府施加压力，力争最好结果。此时，对当局的失望在电文中已一泄无遗："我国所有提案尚未正式提出，计目下时日无多，若非急起直追，将来国际地位必陷于无可救药之境遇。"（4月2日《晨报》）

正当梁启超为国家"痛陈疾呼""鼓吹舆论"之际，国内偏发生了梁亲日卖国的谣传，自然令其大为愤怒。虽然受到委屈，任公先生却一心以国事为重，殷殷告诫国人：

"内之宜要求政府速废高徐顺济路约及其他各项密约,使助我者易于为力;外之宜督促各使通盘筹划,互示意见,对外一意鼓勇,进行关税、领事裁判权等事。"(4月12日电)此时,梁氏对山东能否归还中国已不再信心十足,回答国内电嘱,也自称:

> 和会内情,向未过问,惟知已提者似仅山东问题。当局与各国要人曾否切实接洽,探察各方面情形,不无疑虑。此间议论,二十一条共知为被逼,而高徐顺济路约,形式上乃我主动,不啻甘认日本袭德国利权为正当。去年九月,德国垂败,我国因区区二千万,加绳自缚,外人腾诮,几难置辩。现最要先废此约,务请力争。(4月16日电)

只是时不我待,回天乏术。由于日人机诈百变的外交手腕与列强的各有打算,加以中日密约予人口实,政府隐瞒内情,致使谈判失据,中国利益的被牺牲便成为惨痛的现实。

4月24日,先期得到噩耗的梁启超飞电国内,态度鲜明,要求举国一致,拒签和约:

> 对德国事闻将以青岛直接交还，因日使力争结果，英、法为所动。吾若认此，不啻加绳自缚。请警告政府及国民，严责各全权，万勿署名，以示决心。

这封最早通报中国外交失败的电报5月2日在《晨报》全文刊出，两天后，呼喊着"外争国权，内惩国贼"口号的北京学生便走上了街头，"五四"运动遽尔爆发。而梁氏电文，无异为游行提供了导火线。

此后，身处国外的任公先生仍与国内民众同心同德，致电政府，力赞"北京学界对和局表义愤，爱国热诚令策国者知我人心未死"，而官方"逮捕多人"，实令人难以理解。因此大声疾呼："为御侮拯难计，政府惟与国民一致。祈因势利导，使民气不衰，国权或有瘳。"（5月23日《晨报》）1920年3月归国后，梁启超到京面见总统徐世昌，也请求将一月前因反对中日两国直接交涉山东问题而被捕的学生释放，免予起诉。此意未得应允，23日离京前，梁氏又专留一函致徐，再提前话。信中肯定学生的举动乃"出于爱国之愚诚，实天下所共见"；指责政府举动"失计"："当知学生本非土匪，绝无所谓渠魁。"并进而申论：

> ……此等群众运动,在欧美各国,数见不鲜,未有不纯由自动者。鬼蜮伎俩,操纵少数嗜利鲜耻之政客,则尝闻之矣;操纵多数天真烂缦之青年,则未之前闻。此无他,秘密则易藏垢,公开则无遁形耳。

为培护民气,亦即为国家前途计,他切责徐氏不可一误再误。

此次欧行未能如梁启超所期望,"于外交丝毫无补",为其感觉"最负疚者"(1919年6月9日《致仲弟书》)。痛伤前事,梁氏已有新觉悟。《外交失败之原因及今后国民之觉悟》最末一节正道出此情。所论三事,一则希望国人明了日本承继山东,便为中国深入腹心之患,"国民宜以最大决心,挽此危局,虽出绝大之牺牲,亦所不辞","敌而谋我者,占领可也,以条约承认其权利不可也";其次,当追究政府外交失败之责任;而尤为重要者,则在"正义人道"的迷梦破碎后,梁启超终于发现,"国际间有强权无公理之原则,虽今日尚依然适用。所谓正义人道,不过强者之一种口头禅,弱国而欲托庇于正义人道之下,万无是处"。于是,他呼吁国民认清真实处境,作悲壮的努力:

> 须知我国民今日所处之境遇，前有怨贼，后无奥援，出死入生，惟恃我迈往之气与贞壮之志。当此吁天不应呼地不闻之际，苍茫四顾，一军皆墨，忽然憬觉环境之种种幻象，一无足依赖，所可赖者，惟我自身耳。则前途一线之光明，即于是乎在也。

迨到1920年5月，梁启超作《"五四"纪念日感言》，论述一年前发生的"国史上最有价值"之运动，对"五四"价值的判定已有重心的转移，这自然与梁氏归国后注重文化建设的现实关怀相契合。在他看来，"五四"运动由"局部的政治运动"扩展为"文化运动"，才是其真正的价值所在。因为"为国家之保存及发展起见，一时的政治事业与永久的文化事业相较，其轻重本已悬绝"；而"非从文化方面树一健全基础，社会不能洗心革面，则无根蒂的政治运动，决然无效"。有鉴于此，梁启超于是断言：

> 吾以为今后若愿保持增长"五四"之价值，宜以文化运动为主而以政治运动为辅。

而其希望"今日之青年"能"大澈大悟"，"萃全力以从事于文化运动，则将来之有效的政治运动，自孕育于其中"，实在也表明了任公先生本人的澈悟。其归国以后的提倡国民运动，培植国民基础，尽心教育事业，努力讲学著述，便是这一认识的具体展开。因此也可以说，"五四"造就了梁启超在文化领域的再度辉煌。

1998 年 11 月 24 日于京北西三旗

（原刊《文史知识》1999 年第 4 期）

从留日到抗日
——林长民与"五四"运动

1909年从日本留学归国的林长民,于"五四"前后却成为著名的抗日派,这在现代中国的知识者中,颇具典范意义。

在东京早稻田大学读书时期,林长民就学于政治经济科,此一选择无疑为其日后的从政生涯埋下了伏笔。回国后,林氏除在福州创办私立法政专门学校及附属中学校,自任校长,培养急需的治国人才外,也立即投入其时正在各地推展的立宪运动,并很快崭露头角,出任福建谘议局书记长。留日所学关于议会政治的知识,此时已转为实际的运作,终其一生,宗孟先生都在为实现这一信念不懈地努力。

民国成立,林长民从1912年任职临时参议院秘书长起，便与民国政治风云结下了不解之缘。次年，当选为众议院议员兼秘书长的林氏，也随同先前加入的民主党一起，转为新组建的进步党成员，并就任该党最重要的机构——政务部部长一职。

1917年7月，挟讨伐张勋复辟之役获胜之势，进步党人再度联袂入阁（第一次是1913年组织的熊希龄内阁），林长民也被总理段祺瑞任命为司法总长。但此次组阁也如同北洋政府众多的短命内阁一样，当年11月，随着段祺瑞的辞职，林氏又从在朝变成了在野。不过，由进步党人力争的对德奥宣战总算实现，这使得中国在一次大战后，有可能出席在巴黎举行的和平会议。

与梁启超出游欧洲负有开展国际上的"民间外交"相同，留在国内的林长民也同心同德，利用其特殊身份，将"国民外交"运动做得有声有色，由此成为"五四"前后极为活跃的政治人物。

1918年12月，为及时进行外交决策，总统徐世昌特命在总统府内设立外交委员会，林长民仍因其办事才能，受命为事务长。在随后出现的几个有影响的民间外交活动团体中，林长民也往往担任要职。如1919年2月12日成立的国际联盟同志会，以林为总务干事；四天后宣告诞生的国民外交协会，也推举其任理事。后一组织在"五四"期间表现突出，把"国民外交"的真义发挥得淋漓尽致。因为按照该会外交干事叶景莘的说法："外交委员会成立时，我们早已感觉到政府的亲日倾向，就组织了一个国民外交协会，以备与外交委员会互相呼应。"（《巴黎和会期间我国拒签和约运动见闻》）这样一种民间与官方的配合机制，虽则理想化，但在调动广泛的社会力量，以阻止政府做出危害国家利益的决定方面，确实发生了效用。

林长民也充分利用其出入朝野、一身二任的资格，巧妙地以民间外交推动政府外交。并且，在多数场合，他更自觉地定位于民间，代表国民向政府抗争。

1919年4月中旬，报界披露，外交部曾密电出席巴黎和会的中国代表，令其在对日交涉中让步。22日，国民外交协会的职员即面见徐世昌，质询此事。林长民进而提出，鉴于巴黎和会已时日无多，政府应立即指令和会代表，尽快提交我方各项要求。而其提案应以国民外交协会议决的七条纲领为依据，此即由林长民等人署名，3月底发给驻法公使胡惟德及和会代表的电文中列举的请愿大纲：

（一）赞助国际联盟之实行；（二）撤废势力范围，

并订定实行方法；（三）废更一切不平等条约及以威迫利诱或秘密缔结之条约合同及其他国际文件；（四）定期撤去领事裁判权；（五）力争关税自由；（六）取销庚子赔款余额；（七）收回租界地域，改为通商市场。

林氏指陈，此七条既"已承总统批交外交委员会核议，明日该会开会，即可议及此案。倘能将此七问题完全通过，请由政府电饬巴黎专使提出，实为一般国民共同希望者也"。面对林氏所代表的国民公议，徐氏亦不得不答应"此节自然照办"。

正由于林长民具有这样的优势，以私人身份出访欧洲的梁启超，在党派考虑之外，也可方便地择定其为通报巴黎和会消息的接收人，以便上传下达，影响政府与舆论。

而当时进步党在北京地区握有两家重要的报纸，一为其机关报《国民公报》，一即在知识界颇具号召力的《晨报》。以林长民在党内的资历，加以主持《晨报》编务的刘道铿为林之同乡福州人，因而，其与《晨报》的关系自更为密切。4月7日，林氏在该报连载《铁路统一问题》的长文，开宗明义便揭出问题的核心："铁路建筑权及其投资，即为势力范围之表征。"而其中"根据条约者，为政治性质之路",此即"以铁路所及为占据领土之变形","凡此政治性质铁路经过之地,几即为他国领土之延长"。因此,林氏坚决要求废除不平等条约,收回中国路权,统一由交通部管理。当时林长民等人所力持的"统一铁路政策虽非只为日本而发,而实以日本为主要对象",叶景莘称其"实是当时抗日运动的一个方面",与以后的五四事件相关联(《"五四"运动何以爆发于民八之五月四日?》),确有道理。

4月25日,《晨报》披露了来自巴黎的消息,山东将不直接交还中国,而暂由英、法、美、意、日五国共管,以及日与除美之外的三国订有密约,英、法、意将不反对日本继承德国在山东权益的要求;5月1日,该报又发表《山东问题之警报》加以证实,并疾呼:"国内若再无一致之精神以对外,则此次外交之失败,即足以亡国云。"在此恶报频传、形势迫人之际,5月2日,《晨报》集中发布了代表国民外交的声音。

此日的"紧要新闻"中,既有巴黎代表报告"和会难以坚执公理"的电文,国民外交协会4月30日收到的梁启超要求拒绝签字的24日来电,也有该会5月1日分致美、法、英、意四国代表及中国和会代表的电报,申诉中国民众的意志。而置于社论位置的,则是林长民的署名文章《外交警报敬告国民》。此文乃因其所接获的梁电而引发，其中最震动人心的是如下一段文字：

> 呜乎！此非我举国之人所奔走呼号求恢复国权，主张应请德国直接交还我国，日本无承继德国掠夺所得之权利者耶？我政府、我专使非代表我举国人民之意见，以定议于内、折冲于外者耶？今果至此，则胶洲[州]亡矣！山东亡矣！国不国矣！

文章最后表示："国亡无日，愿合我四万万众誓死图之！"林文慷慨悲壮，语调激昂，虽仅三百余字，其效力却不啻一枚重磅炸弹。

当日，外交委员会紧急开会，议决拒签和约，拟就电稿，由该会委员长汪大燮与事务长林长民亲送徐世昌，转国务院拍发给中国代表团。而总理钱能训却另具密电，命令首席代表陆徵祥签约。林长民有一同乡在国务院电报处工作，当晚即将此情告知林氏。5月3日清晨，林到国民外交协会报告，因此直接导致了"五四"学生大游行。3日下午4时，协会又召开全体职员会，林长民、熊希龄、王宠惠等出席，做出四项决议：

一、五月七日在中央公园开国民大会，并分电各省各团体同日举行；

二、声明不承认二十一款及英、法、意等与日本关于处分山东问题之密约；

三、如和会中不得伸我国之主张，即请政府撤回专使；

四、向英、美、法、意各使馆声述国民之意见。

而学生们的提前行动，则使国民外交运动真正成为事实，林氏等人主持的协会从此亦不再担任主角。

在随后的事态发展中，林长民仍一本初衷，坚持维护国权的民间立场。5月4日晚，林长民即与汪大燮、王宠惠一起面见徐世昌，具呈要求保释被捕学生。此次虽不得所请，以之为开端的各校各界联名具保活动，却最终迫使政府于三日后放人。6日，因政府有阻止"五七"大会之说，林长民专门入总统府见徐世昌，提出三项要求：请政府对于山东问题表示一种决心，以维民望；请将被捕各学生保释，免再激生风潮；七号必开国民大会，请饬军警勿用强力解散或加无理干涉。因徐氏对开会事仍坚决不允，林回国民外交协会报告后，又与熊希龄、范源廉、王宠惠一同具名，答复钱能训禁开国民大会的来函，引会员"集会自由载在《约法》"之言，回拒钱氏，并进而警告当局"慎重和平，勿致发生意外，致蹈前清川路覆辙"。

由于林长民在反对和约中态度鲜明，亲日派固然视之为眼中钉，"说这回北京市民的公愤，全是外交协会林长民等煽动起来的"（《一周中北京的公民大活动》，1919年5月11日《每周评论》第21号），日本政府更是对其恨入骨髓。5月21日，日本大使小幡酉吉竟然照会中国外交部，声称：

> 外交委员会委员、干事长林长民君，五月二日《晨报》、《国民公报》等特揭署名之警告文，内有"今果至此，则胶州亡矣！山东亡矣！国不国矣！……愿合我四万万众誓死图之"等语，似有故意煽动之嫌。此事与五月四日北京大学生酿成纵火伤人暴动之事，本公使之深以为遗憾者。……尔来北京散布之传单，多以"胶州亡矣！山东亡矣！"为题，传播各省，煽动实行排斥日货。

为此，日本公使要求中国政府禁止此类言论之发表，并威胁说："若果放置此等风潮，不特有酿成贵国内治意外之扰乱，怕有惹起两国国际重大之事态。"而从日方充满敌意的言词中，恰可证明林氏其时在舆论界具有极大的影响力，以及在促使"五四"运动爆发中确实发挥了引导作用。有一种传闻也值得一提：林氏早先曾劝曹汝霖、陆徵祥等"勿坚持其主张，并说民众反对甚力，或至于烧房子打人。这不过是极力规劝的话"，却不幸而言中。因而游行冲突发生后，有人遂指为进步党所鼓动（《"五四"运动何以爆发于民八之五月四日?》）。此说于揭示进步党与"五四"的关系上，也提供了有利的证言。

而对于日本的挑衅，林长民当即给以回击。25日，林氏上书总统徐世昌，请求辞去外交委员会职务，以免政府为难，但警惕日方阴谋的态度无稍改变。文末专门列举了日本报纸中有关日对山东拥有权利的言论，要求训令驻日大使质问抗议。对小幡的指责，宗孟先生也严辞批驳，所谓"愤于外交之败，发其爱国之愚"，"激励国民，奋于图存，天经地义，不自知其非也"；并郑重声明：

> 势力侵凌，利权日失，空拥领土，所存几何？山东亡矣，国不国矣，长民尚欲日讨国民而告之也。若谓职任外交委员，便应结舌于外交失败之下，此何说也？

这封辞职信义正辞严，充分展示了林氏一片拳拳报国之心。

此后不久，林长民又以曾经赴日者的身份，在《国民公报》发表《敬告日本人》一篇长文，反复开导"吾亲爱之日本人"，详细陈述中方愿望。文中逐一驳斥了日人关于山东问题的主要论调，而提出处理国际关系应遵守同一准则："正义人道一涉本身利害问题，便设许多例外，吾不能不为正义人道哀。此当向世界各国今日所号称强国者进一忠言，勿为伪善，尤望亲爱之日本人毋自欺以欺人。"说到中国人民对日人的感情，林氏也坦然相告：

> 吾今敢正告日本人曰：吾国人之对君等实有不可讳言之痛矣。除极少数之人外，不论阶级高下、知识深浅、思想新旧，观察纵有异同，饮恨几于一致。经一度事变，便增一分怨毒，毋谓吾人爱国无持久性也。假令事变之生，继续不已，君等怙过，迄无悛心，相激相荡，终有不堪设想者。

这番推心置腹之言，又是不幸而言中。其间亦不乏夫子自道，正因从"爱国"一点出发，林长民才毅然"出尔反尔"，作出抗日的选择。

1920年4月,林长民出游欧洲。这也是一种象征,林氏从此与日本绝缘。3月12日,国民外交协会为其饯别,席间,干事张超赞扬,"五四国民运动发生之后,林理事不避嫌疑,益为本会尽力,国人尤深感激"。林长民也总结平生,称"五四"前后为一转捩点,其政治主张从"偏于缓进"变为"勇往迈进";自国民外交协会成立,"乃得实行所信,与诸君呼号奔走,稍尽绵力"。而正如其所自白:"长民政治生涯,从此亦焕然一新。"可以补充的是,"五四"运动的发生,确为其一生事业最光彩的顶点。

1999年1月24日于京北西三旗

(原刊1999年4月3日《文汇读书周报》)

外交元老的投袂而起
——汪大燮与"五四"运动

早在晚清,汪大燮已步入外交界,从总理各国事务衙门章京开始,历任留日学生总监督、出使英国大臣、出使日本大臣,并在后一任上进入民国。1912年5月,共和党成立,汪氏以留任驻日公使的身份,为该党留日支部长。次年5月,共和党与民主党、统一党合并,组成进步党,汪又当选为名誉理事。当年,熊希龄组织进步党内阁,汪入阁,任教育总长。此后,宦海浮沉,屡进屡退,汪大燮先后作过交通总长、外交总长、代理总理,并随1917年11月内阁总理段祺瑞的辞职,再次暂离政坛。

汪大燮任外交总长期间,中国正式对德、奥宣战。此事虽以财政总长梁启超为主动力,而汪素以亲英美派著称,亦持赞许态度。一战结束,中国能以战胜国身份出席巴黎和会，此一决定实为关键。

因北洋政府指派外交总长陆徵祥为巴黎和会中方首席代表，其时的外交次长陈箓于是援例代行部长职务。值此国际关系瞬息万变、外交事务关乎国运之际，以陈氏之资历浅、声望低，绝难应付大局。为此，即将游欧的梁启超与留守国内的林长民向总统徐世昌进言，建议在总统府内专门设立一个外交委员会，以及时做出决策。徐氏采纳其说，1918年12月中旬，外交委员会成立，汪大燮就任委员长。当时为之规定的权责是，"外交委员会不只是个谘询机关，凡关于和会的各专使来电都由外交部送委员会阅核"（叶景莘《"五四"运动何以爆发于民八之五月四日？》）。不过，这一最高的外交决策机构也并非权力至上，一些重要决定的被推翻以至对该会有意地架空，使其虽为政府部门，却与当局关系紧张。

对此早有意料的林长民等人，又于1919年2月及时创建了国民外交协会，以为外交委员会之后援。汪大燮亦被推举任理事，在政府职务之外，又获得一民间团体代表的身份。此外，汪因其外交元老的资望，在此前后还拥有多种民间外交社团的头衔，如与欧美人士共同组织的协约国民协会副会长，以及国际联盟同志会理事等。因而，以私人资格远赴巴黎的梁启超,屡次向国内通报和会消息,均以汪、林为收件人,正是看中了其兼顾朝野的特殊地位。不过,大体而言,林长民更用力于国民外交协会,汪氏则侧重在外交委员会的公务。二人分工合作,堪称得体。

以汪大燮为首的外交委员会开始工作后,曾作出过若干重大决议。调整中国和会代表的排序即为其一。巴黎和会限定中国代表团只有两个席位,而派出者为五人。陆徵祥提出的方案是,代表广东国民政府的王正廷排次席,以下分别为驻英公使施肇基、驻美公使顾维钧与驻比公使魏宸组。汪大燮考虑到陆、王来自不同的阵营,不知能否一致对外;且陆太软弱,王少经验,施过圆滑,均非能担重任者。因而,汪氏毅然呈请徐世昌,将勇于任事、与各国代表接洽最多的顾维钧提升至第二位。2月20日,电报传到巴黎,虽引起争闹,陆徵祥只将顾名列第三,事实却证明了汪氏的远见,顾维钧在整个和会期间,确于维护中国利益方面表现最佳。

至于外交委员会关于统一铁路的议案,则遭遇挫折。汪大燮本以将铁路管理权统一收归国有为打破帝国主义势力范围的有力举措,委员会成立后,即与熊希龄共同提出和会主张五大纲领,首列"破除势力范围",其中第三项子目便是铁路统一问题。1月6日，此案在外交委员会一致通过，汪当即与林长民一起，亲将提案送交徐世昌，8日，便由国务院电致巴黎中国代表团。不料一个月后，这一成议由于遭到交通总长曹汝霖等人的反对，竟被搁置。虽经汪大燮等上书力争，各方会商的结果，对原案已多有修正。汪对此极为愤慨，称："此案不能达吾望，远东大局终不可问耳。"3月8日，遂以"铁路统一问题与当局政见不同，迁就成文，首尾不能相应"为由，提出辞呈。在徐世昌的一再慰留下，汪又上长篇禀文，揭露日本侵占野心，而详陈其所以关注铁路统一，实因"铁路者，实业之前驱，而在我则更为政治之枢轴也"，故必以去就争。按照林长民的说法，"汪君素性和易，独于此案持之甚坚"，外交委员会上书及前后两辞呈均由其亲自撰写（林长民《铁路统一问题》），足见汪处置大事善于决断。

此番汪大燮的辞职，虽出于与当局"北辙南辕，终无由以自效"的实在理由，因而态度坚决，却并不意味着其人从此对国事袖手旁观。辞呈结尾处原有如下表白：

> 外交政策、内治方针果有一定办法，则前途几许困难，律以匹夫有责之义，犹当投袂而起。

而"五四"运动的形成，正为其提供了一展情怀的机会。

在和会风声日紧、形势急迫的紧要关头，汪大燮又听从林长民的劝说，回任理事。因4月30日，英、法、美议决对日让步，德国在山东攫取的权利由日本继承；而此前，和会代表及梁启超也发来告急电报，于是，外交委员会于5月2日召开紧急会议，决定致电中国代表团，拒签和约。此电文由汪大燮与林长民亲呈徐世昌。但第二日，林又到会通报内线消息：总理钱能训另发一电命陆徵祥签字。汪大燮感觉，事已至此，再无可作为，当即愤而辞职，并命令结束委员会事务。

回到家中的汪大燮尽管已不必再为政府的行为负责，忧国之情却未能释怀。据外交委员会外交干事叶景莘回忆：

> 当三日傍晚我到东单二条汪先生家里，他老人家正在苦思有何方法可以阻止签字，我说我们已尽其所能了，北大学生亦在反对借款与签约，何不将消息通知蔡孑民先生。他即命驾马车到东堂子胡同蔡先生处。当晚九点左右，蔡先生召集北大学生代表去谈，其中有段锡朋、罗家伦、傅斯年、康白情等诸先生。次日北大学生游行，而"五四"运动爆发了。(《"五四"

运动何以爆发于民八之五月四日?》)

这段记述在众多关于"五四"的场景追忆中,当然属一家之言,但叶乃当事人,其证词自有相当的可信度。如果不带偏见,不是有意漠视旧官僚们的爱国心,汪大燮的举措其实正应合了"投袂而起"的前言。

何况,在学生因火烧赵家楼而有三十二人被捕后,又是汪大燮率先以个人名义上书总统徐世昌,"论学生非释放不可,措辞极其痛快"(《学生界事件昨闻》,《晨报》1919年5月6日)。5月5日晚,汪再会同王宠惠与林长民,联名呈请警察总监吴炳湘,要求保释学生,文曰:

> 窃本月四日,北京各校学生为外交问题奔走呼号,聚众之下,致酿事变。当时喧扰,场中学生被捕者三十余人。国民为国,激成过举,其情可哀。而此三十余人者,未必即为肇事之人。大燮等特先呈恳交保释放,以后如须审问,即由大燮等担保送案不误。群情激动,事变更不可知。为此迫切直陈,即乞准保,国民幸甚!

其爱护学生、忧心国事之诚,彰彰在人耳目。在各校校长与各界人士风起云涌的抗争与吁请下,5月7日,所有被捕学生终获自由。

保释学生的义举,体现了汪大燮在"五四"期间立场的全始全终。尽管亲日派散播谣言,"谓学生受政客林长民、汪大燮之运动"(蔡晓舟、杨景工编《五四》第二章)并非事实,北大学生此前已有反对签约的表示;但汪氏在无可奈何之际,求援于学生,终于经由民众的力量,完成了救国的心愿,倒的确是明智的选择。

1999年2月12日于京北西三旗

(原刊《北京观察》1999年第5期)

抗辩政府的大律师
——刘崇佑与"五四"运动

"五四"时期,早年留学日本、学习法政的刘崇佑,已是京城赫赫有名的大律师。当年的《晨报》第一版广告中,在上栏醒目的位置,几乎永久性地保留着《律师刘崇佑启事》。这自然与刘氏乃进步党老党员,1913年,即以此身份当选国会议员及中华民国宪法起草委员会委员相关。不过,刘崇佑之受人尊敬,声名远超越于党派斗争之上,实因其常在与当局对峙的诉讼中,为蒙难者提供法律服务。北京大学著名教授马叙伦原与刘不相识,而1921年6月,马氏发起"索薪运动",被总统徐世昌起诉,刘崇佑自愿为之辩护。其"好义如此"博得傲岸不羁的马氏衷心敬佩,事后因与结交。这还属于私情。"五四"运动时,刘崇佑"挺身为各校被捕学生义务辩护",更是出以公义的事之大者,马叙伦的"钦服其人"(马叙伦《刘崧生》)原起始于此。

在1919年的"五四"风潮中,以律师为职业的刘崇佑曾两次出庭,为政府控告的报人与学生辩护。虽然就结局而言,政府一方胜诉,法庭仍宣布被告有罪,但刘崇佑机智、有力的反驳,大大消解了官方的权威,体现了正义与民气的不可摧抑。

按照时间顺序,北京《益世报》的被封发生在前。1919年5月23日的《益世报》,刊登了山东第五师10080名军人的集体通电,文曰:

> 窃自我国外交失败,举国愤恨。查失败之本源,皆由曹汝霖、章宗祥、陆宗舆、徐树铮等四国贼盗卖,妇孺咸知。国民皆欲得该卖国贼等,啖其肉而寝其皮。前次北京大学诸爱国学生等,击章贼之骨,焚曹贼之巢,军人等不胜欢跃钦佩。惜斯时未将该卖国贼等同时杀决,永清国祚,以快天下。惟闻沪、宁各界,首倡抵制日货,旋各省亦同时响应,足见我同胞心犹未死,国尚未亡。但我辈军人,以服从为天职,虽抱有爱国热忱,未敢越轨妄动。且才学疏浅,殊少良策。惟仰各界诸君速筹鸿谋,挽救危局,军人等惟

以铁血为诸君后盾。

电文充溢着爱国军人忧心如焚的焦虑,并将其集注于铲除国贼一事,因而呼告:

> 同胞欲御外侮,必先除去曹、章、陆、徐四国贼,四国贼一日不死,我国一日不安。

但"刻下诸国贼等仍安居北京,虽经各界呼吁惩办,而政府置若罔闻"(此句原有,在《益世报》中删落,详见下),这自然令本"以服从为天职"的军人对当局心怀不满。在"未敢越轨妄动"的形格势禁之下,士兵们只好吁请全国同胞,"每日早晚诚心向空祈祷上帝,速将四国贼同伏冥诛"。这原是"心力相违"中想出的无可奈何之法。

报纸发行的当日晚间,该报社即遭查封。据京师警察厅布告第55号,《益世报》被禁的缘故,只在"登载鲁军人痛外交失败之通电一则","显系煽惑军队,鼓荡风潮",因而援引1912年12月公布的《戒严法》第14条中"停止营业、集会结社或新闻杂志、图书告白等之认可为与时机有妨碍者"一款,封报捕人。不过,这一罪名到26日由同一机构发布的通电里,已更正为"《益世报》登载各节,意存挑拨","该报馆附和学生,附和有据"。即是说,违碍文字已从一项变为多条,查禁名目也由煽动军队改作助长学潮。如此明显的前后矛盾,暴露出当局最初的封禁理由并不充足。

《益世报》的被查封与总编辑潘智远的遭逮捕并非孤立的事件,5月23日晚,京师警察厅亦同时派员到《晨报》与《国民公报》检查发稿,规定两报社"所有各项新闻稿件,须经审核后,方准登载"。为此,《晨报》在第二日的正版最前端,以大字刊出《本报特别广告》,声明:"在此监视状态之中,凡读者诸君极感兴味、极欲闻知之言论事实,不敢保其不受制限。"版面亦不能保证为正常的两大张,"一视是日发稿之多少为标准"。为不负读者厚望,也为坚持原有的政治倾向与批评立场,该报特意强调,将采取"于消极的自由范围以内,期不失本报特色"的策略。而这一表白本身,也是对当局的"消极"抗议。

由于政府实行新闻检查,学界编辑的《五七》《救国周刊》等报也相继被禁。这一连串钳制舆论的举动,实肇端于日本公使小幡酉吉5月21日晚提交中国外交部的照会。该件在《晨报》揭载时,径题为《日使干涉我言论之照会》。其中除摘录《晨报》《国民公报》所刊林长民文，也对各民间团体的发言大加指责。如国民自决会的通电、宣言书，民国大学学生组织的外交救济会发出的启事，均为其条举。小幡还代表日本政府，再三要求中国实行言论管制："贵国政府对此等行动毫无取缔，宁是不可解者也。""而对此荒唐无稽无政府主义之主张与阻害友邦邦交、挑拨两国国民恶感之言动，不加何等之取缔，是本公使之甚所遗憾者也。"亲日派主事的北洋政府竟果真秉承其意旨，向报界下手。内幕揭破，自然激起社会各界更大的愤怒。

众议员王文璞当即提出质问书，认定"未曾宣告戒严之时而滥用《戒严法》"为非法，山东军人通电"首先登载于上海《新闻报》《申报》"，不应独罪《益世报》，重点则落在警察厅之举措有妨害"《约法》上所赋予人民之自由"的指控。由此也可见出警厅对查封《益世报》改口遮掩的破绽所在。

虽然有此失误，一意孤行的当局却不打算认错。置议员的质问、北京报界联合会的联名呈请以及津沪学界的屡次电请于不顾，地方检察厅仍将潘智远诉上法庭。而为其担任辩护律师的正是刘崇佑。

在6月10日提出的《潘智远因〈益世报〉登载新闻被

告一案辩护理由书》中，刘崇佑作了有力的申辩。他首先巧妙地确认，潘智远并非1916年12月按警察厅要求呈报备案的《益世报》经理与编辑主任，因此不应为报社"负法律上之责任"。继而，刘大律师逐一驳斥了起诉书加诸潘氏的四项罪责。

关于"妨害治安罪"，刘崇佑认为，起诉书中举证的该报5月7日《对外怒潮影响之扩大》一篇报导的传言，述及商民拟举行罢市，以要求政府释放学生，不能成罪。理由是，"报馆有闻必录，乃其天职"；"暗商罢市既非造谣，'罢市'二字又非法律所定忌讳之语，则何不可公然披露"？刘崇佑更进而运用辩护技巧，指认《益世报》揭出罢市预谋，"与其谓为竭力鼓吹罢市，无宁谓为竭力漏泄罢市之秘密，以警告政府，以达其防止罢市之目的，是乃维持治安之作用，何以指为妨害治安"？这等诛心之论固非报社本意，但接下来刘氏所作的正面阐述——"政府不能平服商民之心，致有全国罢市之大骚动，至今未闻政府之自责"——却已由趋避转为进攻，反诉政府失职的责任。

关于"侮辱官吏罪"，起诉书列举的罪证为《益世报》5月13日登载的《正告曹汝霖》一文，内有"吴炳湘居然听卖国贼之指挥，可谓丧尽军警界之德"，被认作是对现任警察总监的"肆口谩骂"。刘崇佑的辩护先从各国成文法演变史入手，论及"侮辱官吏认为犯罪，乃历史之遗物，今世界法例已不见其踪影"，在中国也"已无厉行之价值"，这自然是以欧美国家的法律为参照系。次则指出，其文发表于"早已声明言责非该报所负"的"国民之言"栏，故与报社无干。而其辨"谩骂"与"侮辱"之界定尤其光明正大：

> 国家许设报馆，原使之批评时政、臧否人物，所以宣民隐，以为执政者参考之资。批评臧否即有是非之谓，是者不足为阿谀，非者亦不能指为谩骂。……今日既无类似专制时代"大不敬"之科刑，所谓"侮辱"者自应严格解释。

这一辩辞确认报章有监督、批评政府的权力，实为此案不能成立之关键。

关于"煽惑罪"，共有两项。第一项的确定甚为滑稽，起诉书的证据仅为5月16日《益世报》所刊《劝告军警》中语，"国人皆曰某某可杀，而军警独曰不然；国人皆曰某某可尊，而军警独曰否否"，因谓其"怂恿军警杀害某某"。

刘崇佑的抗辩除申明此文亦出自"国民之言"栏，更陈述"某某"俱未指实，"则所谓煽惑他人犯杀人罪者，先无可杀之特定之人，是为犯罪之不能"。而"可杀"云云，"不过排斥之语调"，"何可以辞害意"？何况，"舆论之性质只能为好恶之表示，不能别有行为。即谓'爱之欲其生，恶之欲其死'，亦不过欲之而已，并非真能生之死之也；服从舆论，不过与舆论同其好恶而已，并非进而生之死之也。该文自始至终并无劝军警实施杀害某某之言，更安得强认为怂恿"？因而此罪亦为无据。

第二项"煽惑罪"的认定即原初查封的借口，起诉书指控《益世报》刊载要求"除去曹、陆、章、徐四国贼"的山东军人通电，犯有"煽惑军人，出而同除此四人"之罪。刘崇佑的辩诉既说明《新闻报》5月21日已刊出此电，《益世报》仅属转载，也提示潘智远当发稿之时，人在通县，23日夜始回京，即遭逮捕。也就是说，即便刊发有罪，潘氏亦不当负责。更精彩的说法则是，《新闻报》本为政府批准发行内地的合法报纸，登载此电也未受追究，"故凡本其合法之认识，传述该报所载之电或转载之者，皆无一不当然合法；否则，不啻政府为阱于国中，故以违法之物颁布人民而欺诈之，使之犯罪"。这一反诘无疑使政府大为难堪。刘氏更由《益世报》转载时删去"刻下诸国贼"数语，推论其"只有好意之减轻，并无恶意之增重"，指责当局实为"深文周纳"，以"莫须有"论罪。

虽则刘崇佑的辩护有理有据，地方审判厅在6月21日的判决中仍蛮横地宣布，潘智远犯有煽惑他人杀人、侮辱官员、妨害治安三罪，合并判处有期徒刑一年。被免去的只有刊载鲁军人电一项，"查系转载，非该被告人所造意"。但原发罪的不成立，已经彰显出官方的无理狡辩，所谓"欲加之罪，何患无词"，在此可得一准确的例示。

还在"五四"游行火烧赵家楼后不久，5月8日，北京律师公会即作出决议：

> 如曹汝霖方面请律师，任出何报酬，一律不就。
> 如有不遵此议者，对待以积极的手段。学生若请律师，愿尽义务。

而在此后政府对学生的诉讼中，刘崇佑果然本此诺言，一再为学生义务出庭辩护。

当年7月16日晚，因受北洋军方安福系操纵，7月1日已被开除出北大国货维持股干事会的原主任杨济华、调查组长许有益等，以及时任参议院办事员的王朝佑，邀集了四十余名学生，在安福俱乐部机关中央政闻社宴会，试图收买到会学生，使其拥护胡仁源长校，以阻止蔡元培回任。由于得到通报，次日上午，当这些人又在法科礼堂秘密会商时，鲁士毅等二百余名"五四"运动的坚定分子赶到，群情激愤，要为首的五人交待了整个阴谋，并签具了悔过书。18日，许、杨等向警察厅控告鲁士毅一众十一人"拘禁同学，严刑拷讯"。28日，警察即开始逮捕有关学生。

这一事件发生，立刻被学界敏锐地指为与"五四"事件相关。30日，以"北京大学暑假留京学生全体"的名义发出的致回籍同学的通电，首先揭示了其间的关联："利用三五无耻之辈，行此卑劣之手段，欲连及'五四'事件，以兴大狱而残士类。"8月1日，北京各界联合会代表往见国务院秘书长郭则沄时，也告诫政府切勿"小题大做，借题发挥"：

> 如任无廉无耻举国共弃之党人，阴谋陷害爱国志士、纯洁无疵之学生，直接以破坏大学，间接以报复"五四"以来爱国运动之仇，则舆论沸腾，恐难收拾。

然而，也正因居心如此，虽经北大全体教员、北京全体教职员联合会、专门以上学校校长代表叠次要求保释，当局均不允准。

一心一意要报复"五四"学生的政府，的确想借此案立威，刑一儆百。暑假期间，学生多不在校，力量分散，也被认作兴起大狱的好机会。因此，尽管学界内外一再指出，"此事属于学校内部之事，同学相哄，本亦常事"，应由北大自了，不必惊动法庭，教育部亦表示"当然抱息事宁人之态"（《晨报》1919年7月31日—8月2日），当局却仍不肯如"五四"过后释放三十二名被捕学生一般善罢甘休。8月6日，地方检察厅到底以"轻微伤害及私擅监禁"的罪名提起公诉。为表示公平，原告方杨济华、许有益等也以"诽谤罪"被起诉。

8月21日上午10点，北大学生案在地方审判厅正式开庭，公开审理。"其时旁听之人已满坑满谷，窗前门隙皆已有人，女旁听席亦复拥挤已甚"，而"门外鹄立希望旁听者尚有百余人"。连《晨报》记者亦须在法庭内别寻关系，方得入内，于炎暑之日，站听8小时（《晨报》1919年8月22日）。

为鲁士毅等十一名学生辩护的刘崇佑，在此案运用的策略与《益世报》案显然不同，如谓后者更注重"晓之以理",则北大学生案更兼有"动之以情"。特别是其总结部分讲到：

> 辩护人窃惟国家设刑,本意在于排除恶性,并非用为教育补助之资。莘莘学子,学校培植有年,纵使气质未尽精醇,而青年蹈厉发皇之概与夫纯净真挚之心,政府果有以善处之,使其身心得安然沉浸于学术之渊,进其智能,以资世用,岂非甚善？乃不幸此超然政界之教育一再波及,今日遂不得不迁连沦没于浑流之中。年少学生方自以为保吾读书之地,无任外界侵犯,是乃天职,而不知所谓"国法"者即将俟隙而随其后。

当此语在法庭上以"此辈青年不幸而为中华民国之学生,致欲安分求学而不得,言之实可痛心"述说时,其所引起的反应,在《晨报》先后刊载的两篇各有侧重的报导中,竟然记忆相同："语至此,满堂欷歔,为之泪下,被告学生中（鲁士毅一派）,有一人哭不可仰,法庭竟变成悲剧之舞台,即记者亦为之呜咽不已。"（《晨报》1919年8月22日）当日以协和女子大学学生代表的身份出席旁听的冰心,更以女性的细腻,对现场氛围作过生动描述：

> 刘律师辩护的时候，到那沉痛精采的地方，有一位被告，痛哭失声，全堂坠泪，我也很为感动。同时又注意到四位原告，大有"跼踏不安"的样子，以及退庭出的时候，他们勉强做作的笑容。我又不禁想到古人一句话"哀莫大于心死"。唉！可怜的青年！良心被私欲支配的青年！（《二十一日听审的感想》）

正因旁听者的同情本就倾向于鲁士毅一方，刘崇佑才可能把对学生的审判，倒转为对政府的控诉。

而当年只有17周岁的刘仁静，也因被控共同犯罪，出庭受审。当审判长令其答辩时，刘作出"莫名其妙，不自知所犯为何罪"的表现。刘崇佑更从旁"时时请堂上注意，谓彼十余龄之小子，实在极可同情"，这也成为《晨报》记者"出旁听席后所恻恻不忘者"（《晨报》1919年8月22日）。而刘崇佑辩护之成功、感人，于此又得一证明。

不过，既然政府决意起诉，便不会轻言失败。8月26日的宣判结果于是并不出人意外，鲁士毅等六人分别被判处拘役14天到4个月的刑期。而在社会舆论无形的压力下，特别是经过律师刘崇佑出色的抗辩，也迫使法庭在判决时，不得不做出相当让步。强迫誊具悔过书一节，以未提出原件,"不审其内容",且"仅就'悔过'二字以观,尚属道德上责备之意",裁定为不构成犯罪。更引人注目的是,判决书中宣布刘仁静、易克嶷、狄福鼎等五人无罪,许有益等四名原初的被告,则同时被处以拘役十四日至三个月不等的刑罚。所有拘役时间准以在押日数扣抵,其他三个月以上的刑期,一律缓期三年执行。这即是说,所有十一名被控学生,事实上都被当庭释放。法庭派法警送已有人具保的六名缓刑者回北大,移交给蔡元培校长的代表蒋梦麟。而法庭门外,北大同学及北京中等以上学校学生联合会的代表们,已手持"欢迎鲁士毅等"的旗帜在等待。这分明是英雄凯旋。

"五四"运动的第二年,1920年,刘崇佑仍本着为学生尽义务的初衷,担任了马骏、周恩来、郭隆真、张若名等人的辩护律师。可以说,在"五四"期间,几乎所有被当局起诉、与学潮相关的案件中,都能够听到刘崇佑的声音。这在其律师生涯中,无疑是最得社会关注的时期。

1999年2月28日于京北西三旗

(原刊《读书》1999年第5期)

酒不醉人人自醉

言志与言趣

中国古代文人言志，有时并不那么正襟危坐，以天下为己任，倒很有些距远大抱负十万八千里的想头。

本来，《尚书·舜典》中"诗言志"一语，司马迁做《史记·五帝本纪》时，就直译作"诗言意"。心中所想，都可以算作"意"。如此，古人"言志"自然也就并不一定要与志向发生关系。试想，如果流传至今的上古诗歌都是满纸励志警句，谁还有兴致去念它？

而且，说到"大志"，古人、今人都变不出太多花样，无非是"太上有立德，其次有立功，其次有立言"这三件事。对于"德""功""言"的理解放宽一点，"志"也就尽在其中了。而若是"言意"，那可就真的是五花八门、莫衷一是了。其间也有分别。单说文人的"言志"或曰"言意",总还是以有情趣者为高。

最早把"言志"作"言趣"谈的是孔子。《论语》中有一段文字,记述孔门弟子子路、冉有、公西华、曾皙在孔子的诱导下"各言其志"。前二人说的都是有关兴邦治国的大事项。孔子本人虽然也奔走列国,期于一用,但这种言志方式未免太正经,终不能令他满意。于是,曾皙之志"暮春者,春服既成,冠者五六人,童子六七人,浴乎沂,风乎舞雩,咏而归",便引起孔夫子的喟叹与赞许:"吾与点(按:曾皙之名)也!"与子路、冉有、公西华相比,曾皙之志实在是微不足道,而孔子偏有"先得我心"之感,不过是因为曾皙的话说得有味,是典型的文人情趣。终日栖栖遑遑、席不暇暖的孔子,对于任性自适的生活悠然神往,仅此一点,即足以证明孔子本质上还是个修养很不错的文人。

曾皙言志的表述方式或可概括为"作潇洒想"。重要的不是这些事常人均可做,而是只有曾皙才想得到、说得出,并在其中感觉到"独与余兮目成"的乐趣。后代文人学曾皙言志者大有人在,"意"中之事倒未必切实可行,却都在把话说得漂亮、有趣上下功夫,以求表现自己悠哉洒脱独一份的情调。只是在有意为之之中,也多了几分矫情。

标准妻子

晚清人王韬把他"多言洋务"的报章政论文汇编成《弢园文录外编》时,也收入了一篇谈闲情逸致的《言志》。其"志"分为四事,依次为色、住、食、衣,文中一一作了一番理想境界的描述。王韬对此十分得意,自诩为"所愿与人不同","热中人断不能解也,则坐有俗骨耳"。可见在他看来,所言之志很能显示他的雅趣。

《礼记·礼运》有言:"饮食、男女,人之大欲存焉。"既然男女关系这么重要,王韬把它置于"志"之首位,也就情有可原了。王韬本不是个规行矩步的迂儒,终生嗜之不衰的一大癖好即是狎妓,美其名曰"信陵君醇酒妇人之意"。而对于作为终身伴侣的妻子,选择的标准则相当苛刻:

娶一旧家女郎,容不必艳,而自有一种妩媚,不胜顾影自怜之态。性情尤须和婉,明慧柔顺而不妒,居家无疾言遽色。女红细巧,烹饪精洁,倘能作诗作字更佳。薄能饮酒,粗解音律。每值花晨月夕,啜茗相对,茶香入牖,炉篆萦帘,时与鬓影萧疏相间,是亦闺中之乐事,而人生之一快也。

这可以算是中国古代文人心目中最理想的女性—妻子形象。

略貌取神是鉴赏的基本准则。然而,话也只说到"容不必艳"为止,因为过于强调"美艳",便俗了。但相信这位女子还得长相端正,过得去,否则"妩媚""顾影自怜之态"便落了空。真的像嫫母一般丑恶,只怕是连"重神轻形"的高雅之士也不会产生亲近感。而弄不好,"东施效颦"之讥则跑不了。其他如性情和婉,无嫉妒心,精于女红、烹饪,这类说法倒没有什么出奇之处,不过是"妇德、妇言、妇容、妇功"这"四德"题中应有之义。

最有趣的是对于才、韵的要求。作诗、写字、解音律,是才与韵兼而有之;而啜茗、饮酒,则只属于韵事。倘若丈夫是个风流才子,妻子在这方面的修养就更不可少。如其不然,夫唱妇不能和,丈夫的一曲《凤求凰》只如对牛弹琴,岂不大煞风景,败人意兴?不过,妻子的才情韵趣也不能太多,"薄能""粗解"已把分寸说得很清楚。因为"薄能饮酒"是韵,而痛饮百杯脸不变色,像高晓声《壶边天下》中所写的那种对酒精没感觉的女子,则和沾唇即醉一样使人失去兴趣。与"韵"相比,"才"更不能横溢。闺房联吟,妻子才高八斗,压倒须眉,不是让作丈夫的才子太难堪了吗?"乐事"一变而为苦事,这是何苦来?由此想起前几年关于女研究生、女博士生成为"找对象"的困难户的话题,看来古今文人在择妻标准上倒是蛮一致的。

旧家女子

王韬在《言志》中对理想妻子的要求,第一项即是"旧家女郎"。这很值得玩味。无独有偶,林纾为翻译小说《深谷美人》写的《叙》中,也有一段类似的话,不过已存了中西文化比较的意思:

> 中国求妇,必当求之士流之家;外国求妇,必当求之牧师之裔。何者?士流不惟有家庭之教育,百事皆有节制,子女耳目濡染,无分外侈靡之事;犹之牧师家笃信耶苏之道,一言一行,皆系之以天堂地狱,子女生少已知爱护其灵魂,故慎守十诫,不敢叛上帝而忤父母,娶之往往足资为助。

假如不太苛求,这段话可以作为王韬所说"旧家女郎"的注脚。

提到女子的身份,在中国最常用的对比关系是"大家闺秀"与"小家碧玉"。前者出身名门望族,起码也是豪富之家;后者则生长于平民小户,即所谓"良家女子"。这当然还都是文人可以慎重考虑婚姻的女性,自郐以下不论也。而旧家女子则越出于两者之外,她可以说是大家闺秀向小家碧玉转化的中间形态。思想起来,这种女子自有其独到的可爱之处。

她家风犹存,具备大家闺秀那种很好的文化修养。又因其家世毕竟已经败落,而不会有贵族豪门女子那种掩藏不尽、咄咄逼人的盛气骄心。她的家庭生计已跌落到小户人家水平,但旧有的文化背景还是使她区别于小家碧玉很难脱尽的狭隘与小家子气。林纾所说的外国的牧师,中国的"士流"即读书人,情况也差不多,这类女子总是以气质、涵养上的高层次与经济状况的低层次兼而有之为特征。而旧家女子更有一种好处。由于她经历了世道沧桑,体味过人情冷暖,心灵敏感,时时流露出一股哀怨之情,楚楚动人,很容易吸引、打动才士文人的心。王韬之所以欣赏"不胜顾影自怜之态",道理在此。因而旧家女子最对读书人的口味。

这种故家文化传统的延续,用古语说,即叫"诗礼传家"。不过,正因为旧家女子属于中间形态,便不可能传许多代。不记得是什么人说过：三代培养一个贵族。意思是，第一代人还是暴发户，有钱而没修养；第二代人已有贵族派头，但还不地道、自然；第三代人才有希望从外表到风度纯粹贵族化。而倒过来看也一样。旧家女子如果家道不能重振，一味衰落下去，那结局便是小家碧玉的出现。

正因如此，旧家女子才更难能可贵。

以古证今，杨绛的《洗澡》中的作家偏爱的姚宓，原也是某名牌大学中文系教授及北平国学专修社社长之女；推而广之，现在的知识分子论婚娶也是同气相求，不愿与高干子弟结亲，大概都可算作"旧家女子"情结。

自己的房间

英国女作家弗吉尼亚·伍尔夫写过一本著名的研究女权问题的书，叫作《自己的房间》。其实需要一间自己的房间的，不只是妇女。

王韬的《言志》中对居室的设想，即表明了这种愿望。他希望拥有"清凉瓦屋十余椽"。具体的安排是：三间作书房，可藏书数万卷；三间作精室，"为讽经、啜茗、下棋、饮酒之所"；两间作卧室；两间为闺房，供妻子休息、聊天、做女红（当然不拒绝丈夫入内）。其余像厨房、浴室、厕所之类，也都在考虑之列，不过要求"率尚雅洁，令人之者疑非凡境"而已。除此之外，还有一间用途颇为特别，按王韬的描述是：

> 一椽为茗寮，旁设药灶、茶炉、酒具，无不精妙，以一婢一童专掌是役。

初读时，觉得前面既已有三间精室，可啜茗、饮酒，此处又何须此屋，岂不是画蛇添足？细想之后，才发觉这间"茗寮"竟是非有不可。

精室三间，原非专供己用，而是与外客共享，故屋宇必须宽敞。与客人一起啜茗、饮酒，取意在借茶、酒之助，高谈阔论，妙语惊人，驰骋其才气。不过，文人不仅需要外面的生活，也需要内面的生活，而且这种要求比一般人来得强烈。他在精室中追求的是够刺激的尽兴；而要享受宁静的和谐，就只能退居茗寮。因此，茗寮实际是外人不能进入，只属于夫妇二人共有的"自己的房间"。王韬希望他理想中的妻子"薄能饮酒"，"每值花晨月夕，啜茗相对，茶香入牖"，而实现这种夫妻之乐的具体处所，即是茗寮。静静地传杯递盏所酿成的那氛围与韵味，使人舒适、愉悦、放松，可以沉下去，王韬正需要它作为外面生活的补充。

今天看来，王韬关于整个居室的设想是太奢侈了。住房紧张使我们不可能有更多的选择和严格的区分。我们的一切都可以与他人共有，包括内面的生活。极端的例子，如两对夫妇共用一间集体宿舍、两班倒的事情，我们也听说过。不过，问题不都出在房子上面。不是有"心远地自偏"的话吗？我们为什么不能做到？

自己的房间，虽不能有，心向往之。

说着有趣

古人"言志"，既然可以当作"言趣"谈，那"志"有时也就并不能认真看待。

王韬日记于咸丰九年（1859）四月二十日，记与几位朋友出外喝酒时，"抵掌剧谈，各言己志"。李善兰（近代著名数学家）说："今君青先生（按：徐有壬，时任江苏巡抚，李善兰之友）在此，予绝不干求；待其任满时，请其为予攒资报捐，得一州县官亦足矣。"管嗣复的愿望颇多，其一为："愿赴乡、会试，得一关节，侥幸登第。"梁清则曰："待我得志时，公等之事皆易办也。"王韬未开口，"在旁默默微笑而已"。

王韬所以微笑，便因数人所说纯是趣话，只在过过口瘾，开开心，在现场得到点"轰动效应"。若以为这几位自恃才学、名士气十足的文人，真想靠人捐纳、走后门而得官、登第，便是不懂得风趣。

王韬的《言志》比起他的朋友，已算正经多了，但还是不能完全当真。即如说到饮食，他推崇的是"撷园蔬可以供客，剥山果可以自娱，采秋莼可以调羹，钓河鱼可以作脍，酿白术酒，煮青精饭，果腹嬉游，不啻羲皇上人"，以为此种乐趣，"食肉者"绝对享受不到。为此，他拒绝"煎熬燔炙浓重之味"与"麟脯凤髓"，甚至像"啖牛炙，啗猪肝"之类韵事，"虽属佳话，窃所不取"。他以鄙夷的口气说道："入韦厨（按：唐人韦陟厨中饮食精美、奢靡）而朵颐（按：鼓腮咀嚼貌），过屠门而大嚼，是老饕之所为耳。"看来，即使在饮馔方式上，王韬也认同于"肉食者鄙"的说法。

言虽如此，细考其行，却不相符。王韬日记中常记与朋友出外聚餐，不但荤腥不忌，而且吃得津津有味。他又特喜尝新，听人说及生鱼片之鲜，即慕名连连访食。而每次饭毕，日记中几乎都要写上一笔"足供老饕一饱"。喝酒也毫无节制。上酒楼是家常便饭，一喝即是"罄无算爵"，三杯两盏淡酒很难打得住。读过王韬日记，再看他的《言志》，的确无法想象园蔬、山果一类食物会令他满足。倒是正因为口腹之欲太盛，他曾取"吴下老饕"之号以自嘲，是其本有老饕之实。既然如此，又何必鄙薄"朵颐""大嚼"的"老饕之所为"？

解释只有一种：说得清淡，是高雅，不如此，便堕入俗情；吃得痛快，是风流，不如此，即为假道学。而无论怎么说，怎么做，都要成为趣事佳话，这才是最重要的。

1989年11月29日于畅春园

（原刊《北方文学》1990年第3期）

人生得意须尽欢

不亦快哉

中国古代文人的感情似乎特别纤弱，善于品尝忧愁却难以体会欢乐，无怪乎韩愈"欢愉之辞难工，而穷苦之言易好"（《荆潭唱和诗序》）之语一出，即成为中国文学史上被反复论证的一个重要命题。统观传世之作，工于言愁者确实触目皆是，真能写乐者诚不多见。而像金圣叹在批点《西厢记》时，能一口气说出平生三十三件"不亦快哉"之事，更属凤毛麟角。

三十三桩快心事，其实不乏人所同感。如第一事：

夏七月，赤日停天，亦无风，亦无云。前后庭赫然如洪炉，无一鸟敢来飞。汗出遍身，纵横成渠。置

> 饭于前，不可得吃。呼簟欲卧地上，则地湿如膏。苍蝇又来，缘颈附鼻，驱之不去。正莫可如何，忽然大黑，车轴疾澍，澎湃之声如数百万金鼓，檐溜浩于瀑布。身汗顿收，地燥如扫，苍蝇尽去，饭便得吃，不亦快哉！

这等快事其实还多得很，只是能用文字写得如金圣叹般漂亮，并不容易。

而三十三件快事，总归都以个人的放任自适、活得自在痛快为主意，其间当然也包括了说得自由、无顾忌。最突出的一例是：

> 存得三四癞疮于私处，时呼热汤，关门澡之，不亦快哉！

林纾读金圣叹论快活事，多年后追忆，也记此条最清楚，可见此语的确说得放肆，不同凡响。

从此更进一步悟到，中国古代文人能否称为名士，在言谈举止上最重要的一条便是"以俗为雅"。能阐发圣贤的微言大义，非礼勿言、勿行、勿视、勿听，只作得成醇儒、礼法之士，却成不了名士。而能把一般人认为俗不可耐、羞于启齿之事公然做出，公然说出，而且心安理得，从容不迫，才有希望成为名士。晋代王猛的扪虱、刘伶的"诸君何为入我裈中"，均此类也。金圣叹的"癞疮"本也见不得人，但他偏能不理会可行不可说的世俗禁忌，把热汤洗濯的快意和盘托出。在这一说之间，俗事化而为佳话，同时也坐实了金圣叹的"名士"身份。

名士的"以俗为雅"与俗士的"俗不知雅"境界自然大不相同，前者的俗言俗行恰是脱俗的表现。犹如大智若愚、大巧若拙，已是进到了高层次。既然俗可为雅，对于名士，便是无论怎样说来做去都成雅趣。

然而，金圣叹的快活事中，也有若"子弟背诵书，烂熟如瓶中泻水"一等事，在我想来应颇败人意，不料清狂如金圣叹，竟也感觉"不亦快哉"，岂不怪哉！看来人一到作父兄、尽父责，便超脱不起来。自称"非汤、武而薄周、孔"的嵇康，作《家诫》教子时，也全是一派谨言慎行的琐碎盼咐，和金圣叹一样，到底未能完全免俗。

岂不快哉

林纾晚年写过一部笔记，名《铁笛亭琐记》，不少篇出自《平报》上的同名专栏。中有一则曰《快活语》,记述他年轻时读金圣叹的快活事,曾补入十几条,可惜现在大都已遗忘,忆起的只有两件。一是久病初愈,乘舆出外访友,有飘飘"若在云端"之感,不禁大呼:"岂不快哉!"只因林纾青年时代多病,自己说是从十九岁到二十八岁,十年中"危病一,常病十数"(《亡室刘孺人哀辞》)。而这危病又是最要命的肺病,"日必咯血","月或呕血斗余"(《述险》《石颠山人传》),人几乎是终年都在病中。能有一日"来往轻捷如仙人",自是欣喜莫名。所以,多年以后还记得此种快感。这也不必多说。

倒是他的第二桩快活事颇值一赏:

> 娶得美妇,不经月而岳氏病危,妇又笃于孝行,再三哀请,往侍父疾,累日不愈,至于经月。虽日日造岳家问疾,与妇相见,顾不得近。已而岳氏之病渐瘳,妇将言归,订以某日,以舆往迓,则喜不自支。徘徊廊庑,望门而俟;入视绣闼,翠幔四垂,残春已过,窗外绿阴渐成。时交上灯,角枕罗衾,微闻芗泽。已而侍者归,言外氏留以明日,则悒丧颓废,夜长如年。至于明日,垂暮,中门忽开,肩舆直入,则

> 亭亭如仙者至矣，岂不快哉！

这番话把新婚燕尔的少年人与妻子暂别而情热难舍的心思写得活灵活现。不是过来人，绝对说不出，也不可能在几十年后仍然铭记不忘。如此缠绵悱恻的感觉，出之以人间情种如贾宝玉，于理方合，然而偏偏为林纾所有，则令人大为诧异。

一般人印象中的林纾是个顽固不化的封建卫道者，作古文、写小说，都以维护旧道德为己任，于是屡屡称美孝女烈妇，津津乐道指腹为婚、割肌疗亲等陋习。他于眼里心中容不得新道德，尤其是20世纪初以来，"男女之礼防已撤"，青年男女自由来往，更令他椎心泣血。人以趋新为贵，他却以守旧自豪：

> 虽曰四万万皆维新人，而翁偏守旧；四万万中皆好作新语，而翁偏述旧。（《孙平叔先生》）

不但作自诉状《腐解》一文，宣称如能"存此一线之伦纪于宇宙之间，吾甘断吾头"，"裂吾胸"，以示与孔孟之道共存亡；而且直接写信给当时的北京大学校长蔡元培，并作《荆生》《妖梦》诸小说,以"铲伦常""废古文"为新文化运动的两大罪状,和《新青年》及其同道人正面交火。就是这样一位迂腐、偏执几于老悖的人物,不说与"情"为仇,至少也应是与"情"绝缘;却竟在花甲已过之年,将自己青年时的缱绻恋情娓娓道来,不但丝毫不觉难为情,反而公诸报端,广为传扬,这总让人感到哪里不对头。

不过,看多了林纾的小说,倒也不难理解,他其实还像个"至情人"。在带有自传性质的《冷红生传》中,林纾讲述了一个故事:在家乡读书时,邻近的一位谢姓妓女曾有意于他,而林纾极力回避。人家认为他性情怪僻,不可亲近,他却叹气说:

> 吾非反情为仇也。顾吾褊狭善妒,一有所狎,至死不易志,人又未必能谅之,故宁早自脱也。

后来,此事又被他编入小说。不过,主人公秋悟生虽然拒绝了谢蝶的自荐,待其死后,却又闻讯而哭,赋诗悼之。作者"践卓翁"(林纾的笔名)更现身说法,道破其心事:

> 虽然，谢娘虽不嫁生，生之心无日不在谢家。……是生之身不近谢娘，而生心固已娶之矣。(《秋悟生》)

到作《七十自寿诗》时，林纾还在喋喋不休追述此事，郑重为"画楼宁负美人恩"之句加注。而《冷红生传》中那位未审其容貌的"邻妓"，在《秋悟生》中既已提升为"桥北名妓"，这时又追加以"艳名震一时"。记忆中的同一位青楼女子，随着时光的推移，已越来越美艳动人。是终其一生，林纾也未能忘情于此段有"艳"无"遇"的往事。准确地说，这种永志不忘、刻骨铭心的感情，其实连"精神恋爱"都算不上。以礼义伦常为生命的林纾，根本不会考虑去爱烟花女子，所有的不过是"知己"之感。有女子而且是漂亮女郎垂青，无论此女身份如何，总证明了男子的有魅力。即使不拟回报，私心也是以为"岂不快哉"的。

写了那许多爱情故事的林纾，到底跳不出礼教的大限，理想的爱情范式只能是"私情"与"礼防"的合一。而实际应用起来，只有自己的妻子够标准。描摹夫妇之爱，既可以畅快言情，又合"礼"合"法"，情得其正。要说"岂不快哉"，林纾倒不该漏掉这一条。

最得意

自1872年曾国藩派容闳等带领第一批官费留学生赴美后，游学外洋蔚然成风。日本因地近费省、文近易通，成为游学首选之国。除官费生外，自费生也蜂拥而至。到1905—1906年，在日中国学生总数已近万人，为中国历史上前所未有。这一次"留学热"，比起1980年代的"出国潮"，当然在数量上还差得远；然而所起的精神震动，却是有过之而无不及。

最精彩的描述要数署名"学生某"的《东京新感情》了。这篇奇文登载于1902年创刊的《新小说》第一号，包括"最得意二十一条""难过十七条""愁人九条""可笑八条""最可怜八条""差强人意七条"六部分，把中国留学生在日本那种复杂、微妙的感受可谓写尽写绝了。单是"最得意"之事已很可观：

> 渡大洋，长风破浪，最得意。南人初坐火车，最得意。畳上赤足行步，最得意。割辫，最得意。改西装，身轻如燕，最得意。日日洗身，最得意。自由、民权等议论，倡言无碍，最得意。痛骂官场，最

得意。不通言语，幸可笔谈，最得意。渐通东文，最得意。听朋侪演说，最得意。一动笔，一开口，觉新异议论、新异名词满肚，最得意。将东邦情形，以书归告国人，最得意。忽传中国朝廷维新，最得意。学校考试高列，最得意。旅行，最得意。海水浴，最得意。体操，最得意。闻李木斋去任，最得意。闻中国停考，最得意。礼拜日，最得意。

其间涉及时事的几条有必要略加说明：八国联军入京，慈禧带光绪皇帝仓皇逃往西安，在外来势力的压力下，被迫于1901年发布"变法上谕"；李木斋乃李盛铎，戊戌政变后被任命为驻日大使，到1901年解任；科举考试虽迟至1905年才废止，然而1901年，清廷已下令停考八股，改试策论，八股取士制度实已消亡。

上述各项最得意事引人感兴趣处，主要还不在主人公的自由心态，而是那份流露于字里行间的接触异国文化的新奇感。从坐上开往日本的海轮起，近代留日学生即不断被各种各样激动人心的新鲜感触所包围、所刺激。诸般体验超出了古人的经历，又为现代人见惯不怪，它失落于二者之间，成为很少获得理解的"过渡情感"。然而，其可贵正在于此。

"最得意"的"新感情"有不少关系"身"的解放，如光脚在"榻榻咪"（日文写作"畳"）上走、脱去长袍穿西装、旅行、海水浴等。其中体操作为新式教育的重要内容，在晚清新办的学堂中曾大为盛行，以其可显示"尚武"精神。因而，留学生"与日人同习体操，自愧不如"，也成为"难过十七条"中的一桩难过事：比输的不只是体力，也象征着国力。中国向来没有七日为一星期、周日休息的概念。留日学生突在紧张、忙迫的学习中，得一日不必上课、自习，可以任意闲逛、聊天，自然会得意非凡，以致非用此项快事收尾，文章即压不住。既改西装，再拖长辫，便是不伦不类。不少留学生受人讥嘲，因"穿大袖马褂，带辫发，往来街上，自觉形秽"而难过不已。何况，这条"猪尾巴"不只是中国人的羞耻，也是汉民族的耻辱，留学生中的激进分子更是必欲去之而后快。在并刀一闪、脑后顿轻之际，自然要大呼"最得意"。留有退路的人则不肯"斩草除根"，但也不愿授人以柄。于是采取第三种方式："不能割辫，卷之于头"，也算是"差强人意"了。看过鲁迅先生对中国留学生特征的描写："头顶上盘着大辫子，顶得学生制帽的顶上高高耸起，形成一座富士山"（《藤野先生》）——

才会理解"有辫者不欲脱帽,最可怜"的含义,为了片刻完成的行礼而冒险让"富士山"坍倒、重建,确实令人同情。

与"身"的解放相比,"心"的解放显然更要紧。在晚清中国,"自由""民权"是禁语,痛骂朝廷更是大罪;而一旦置身日本、不但鼓吹民主政治不犯法,即使倡言排满革命、推翻清廷,也只如家常便饭。发表这些自由言论的最佳场合,除报纸外,即是演说会。近代人演讲兴趣之浓厚,远非我们今日所能想象。几乎是凡有学会,必有演说;各种政治团体,更以演说为宣传利器。政治观点的对立,还会引起君子违反"动口不动手"的规则,在演说现场来一出"全武行"。政闻社成立会上,张继打跑梁启超,搅乱会场,即是著名的一例。而为朋友的演讲捧场,又是另一种乐趣。不但义不容辞,而且可借助威痛快淋漓地吐一口恶气,何乐而不为?

留学生们的"言论自由"不限于倡言无碍,还包括了新学理、新名词的任意取用。"新名词轰炸"并非1980年代的奇货,20世纪初就已屡见不鲜。炸得昏天黑地的结果,是大批外来语(尤以日本新词为多)在中文里的合法化。反对新名词的人曾斥之为"易好音为鸦鸣"(康有为语),不过,这"鸦鸣"终究还是成了"好音"。虽然今日一动笔,一开口,已无近代人的新异感,却是非此不能达意。满口新名词也曾是晚清知识界的时髦。有人杜撰过《豪杰指南》,教授政客速成法。除必往外洋短期游学、预置西装、读一二部日本方面的必读书等项外,关于谈吐,也有讲究:

> 际此时局艰危,学问已非急务,唯新名词则宜多记三二十个。如自由、平等、破坏、改良、流血、革命、权利、义务等,宜熟记之。此亦如上海倌人之"晏来歇"、"对弗住"、"怠慢"、"走好"之类,乃出局时必须之应酬语也。

话说得够尖刻,倒也活现出"新名词"乃"新人物"必不可少的点缀。若如此,这件"最得意"事,又并非留学生的"专利"了。

1990年3月20日于畅春园

(原刊《北方文学》1991年第4期)

人生有情泪沾臆

不快活

古语云:"不如意事常八九,可语人言无二三。"可见人之一生,开怀时少,失意时多;所谓"事无不可对人言",其实做不到,能够讲与所有人听的话,实在有限得很。如此说来,自己心中的烦恼、怨恨、痛苦、悲伤,总之种种不快活,可以形诸笔墨、公诸大众的,也应已滤去十之七八。即使如此,中国文人的说愁诉苦之作数量仍很惊人,不然何来"诗穷而后工"之说?诗文一般讲究典雅、委婉,所表不快活多半与叹老嗟卑、相思别离有关。倒是三言两语的闲文,率性写出,可以见出更多人生世相。

这类文字中,有一种名"杂纂",鲁迅先生的《中国小说史略》撮其大要,指为"皆集俚俗常谈鄙事,以类相从,虽止于琐缀，而颇亦穿世务之幽隐，盖不特聊资笑噱而已"（第十篇）。最早出现的是《义山杂纂》，相传为唐代诗人李商隐所作（鲁迅疑其出自亦号义山的李就今之手，也不得确证）；因后世屡有续作，遂成一独特文体。收入清刻本《说郛》的除《义山杂纂》外，尚有题名宋人王铚的《杂纂续》、苏轼的《杂纂二续》及明人黄允交的《杂纂三续》。黄作有序曰：

> 李义山浪子，以巷谈寓滑稽，王君玉、苏子瞻各仿之，遂成风流雅谑。后有续者，不免画足，宁复遗珠，徒为大雅罪人，未必能博好恢士一轩渠也。

说得如此严重，仍是技痒难熬，捉笔补缀，可见此种形式之魅力。能够随意将人人心中事借俗言鄙语畅快吐出，又不失文人机智、调侃的情趣，确乎难能可贵。

作者总是扮演一位明眼人角色，对于世态人情谙练有得。若以喜、怒、哀、惧、爱、恶、欲七情的表露来说，纯属喜与爱的并不多见，不过是些"卖棺闻人病重"（《杂纂续》）、"理学人迁美官"（《杂纂三续》）一类的"暗欢喜"，或"新婚女子""村夫看官过"（《杂纂续》）一类的"又爱又怕"。可以归入怒、哀、惧、恶的情状则所在多有，"不如意事常八九"之说,果然有理。

如《义山杂纂》"不得已"九条,"掩意打儿女""为妻骂爱宠"都是常人常情:"老乞休致"之不得已,则非功名中人不能身历。与"不忍闻"中的"落第后喜鹊""才及第便卒"合观,士子入考场,百战过关,幸而及第出仕,又幸而宦途平坦、人到老年,马失千里之姿,人存恋栈之意,无奈退休立有规矩,只得交出辞呈,心里自是百般不情愿。这种不快活,非他人代为道出,自己如何开得了口?

作者揣摩体会的心思可谓细如毫发,像"看花泪下"之为"杀风景","花时无酒"之为"不快意","终夜欢饮酒樽却空"之为"恼人",都很得体。"感时花溅泪",只因国难方殷;若无缘无故,对花洒泪,扫人兴致,岂不有负于大好春光?而赏花时饮酒,本可以助兴;倘若缺少"花间一壶酒",便觉不痛快。至于作长夜饮时,酒兴方酣,偏偏杯干瓮空,"五花马,千金裘"全都派不上用场,换不来好酒,这时的感觉便不只是不快,必为恼火。不过,贪杯虽可逞一时豪兴,不幸沉醉而至于酒后吐真言,又不幸而"醒后闻醉语",便只有叫一声"惶愧",悔不当初。

对人心的洞察在"隔壁闻语"七则中最见功力。如"新娶妇却道是前缘必是丑","说太公八十遇文王必是不达",

"说食禄有地必是差遣不好","说随家丰俭必是待客不成礼数","说屋子住得恰好必是小狭",这才见中国人说话的艺术。单论居室,古代文人常赞美茅屋柴扉。归有光在"室仅方丈"的项脊轩里自觉有无穷之乐。刘禹锡更有一篇流传千古的《陋室铭》,宣称"山不在高,有仙则名;水不在深,有龙则灵;斯是陋室,唯吾德馨"。而在《义山杂纂》的作者眼中,这一切都是矫情。坦白说出人之所不愿言、不敢言的不快活心思,便是我所以为的"杂纂"的最大好处。

岂不哀哉

自金圣叹畅说三十三件快意事,此后续作者便不乏其人。取现成思路作正面补充本是顺理成章,故王晫有《快说续纪》三十则之作;想别辟蹊径从反题落笔也可出奇制胜,黄钧宰于是写下《述哀情》三十一则。托尔斯泰既然说过"幸福的家庭都是相似的,不幸的家庭各有各的不幸",则叙悲似应比言欢更值得一谈。

黄作原出《离恨天杂记》,附刊于笔记集《金壶七墨》后。述其缘起,黄钧宰称:

> 七情之中，以哀为至。故婴儿初生而哭，万物将死而悲，视息人间，情态万变，导目所寓，靡不凄然。

即在黄氏眼中，人之从生到死，时时处处均见可悲之情。因此，金圣叹痛快豪壮的"不亦快哉"，至此尽被满纸凄惨的"岂不哀哉"所取代，三十一桩哀情亦不过为人生不幸之九牛一毛。

其中一些伤心事明显是反金氏之意而作。如金圣叹说寒士前来借银难于启齿之窘态：

> 我窥见其苦意，拉向无人处，问所需多少，急趁入内，如数给予。然后问其必当速归料理是事耶？为尚得少留共饮酒耶？不亦快哉！

黄氏亦有寒士告贷一条，且其人已"断炊两日，不得已走告亲知"，景况更惨，"逡巡入门，欲言又止"，羞怯之情一如登金氏门者；却是"主人已察其意，先诉艰难"，鼓勇入门的寒士只能叹苦不迭。借钱无着还在其次，"岂不哀哉"所感伤的更多是被人窥破心事婉言回绝的那一份难堪。"士"虽"寒"，自尊心倒看得极重；并且因其寒士身份，心理更敏感，更易受伤害。而人间事，所遇有幸有不幸，善解人意、慷慨解囊如金圣叹者毕竟不多见，难怪黄钧宰诉哀情一再为世态炎凉歔欷不已。

寒士多苦情尚属情理中事，改变身份，进入仕途，却也未必值得钦羡。做了官家人，便得守官家的规矩。晋人嵇康早已看透这一点，《与山巨源绝交书》中，即以"必不堪者七，甚不可者二"的充足理由，坚拒山涛的举荐之意。其所列"不堪""不可"的种种事项，其实只是一件，失却任意而行的个人自由。如，"危坐一时，痹不得摇，性复多虱，把搔无已；而当裹以章服，揖拜上官"，放纵孤傲的嵇康当然以为不堪忍受。生长南国的黄钧宰未必愿意重复魏晋名士扪虱而谈的雅事，对金圣叹"汗出遍身""地湿如膏"的描述却有切身感受。把嵇康不愿穿的官服套在如处洪炉中的金圣叹身上，述哀文中便多了这一条：

> 盛暑绨绤被体，犹觉蒸郁难堪；听鼓辕门，衣冠整肃，岂不哀哉！

古人遇此炎夏，只好像金圣叹一般盼望大雨骤降，而别无他法。若是现在，办公室、小汽车里装上空调，哪怕骄阳似火,我亦浑然不觉,做官也比古人少了些难处,尽管还是难得自在身。

大体而言,黄氏的述哀情远不及金圣叹的说快事精彩动人。意思便嫌单调,世情冷暖,人生无常,他乡思亲,成了反复出现的话题。过多运用托物寓意,透出书卷气,也减少了几分人生况味。不过,黄钧宰毕竟有过艰难困顿的经历,加上体会得细,还是道出若干人生底蕴。如:

> 安乐时设想痛苦,刻不可居;及已至前,俯首忍受,岂不哀哉!

便是有阅历语。再透过一层说,人对于痛苦的感觉,原与所处境况有关。能够低头挨过安乐时以为无法忍受之苦,只因又设想出另一刻不可居的痛苦作为缓解,当前之苦又成为可忍受者。这才是人的真正可悲之处。人对于痛苦的感觉,又与各人的性情有关。第二则:

> 生性不能懵懂,遂致无穷思绪误于聪明,触色闻声皆成苦趣,岂不哀哉!

说的便是这层意思。此语本可视为绾结述哀各条的总纲。它与郑板桥的"难得糊涂"看似同义,实不相同。郑氏有感于世人的过于精明,专为自己打算,才留下四字箴言。黄氏则苦恼于自己的不能愚钝,故无法摆脱人生的痛苦,反随时随处受刺激,使痛楚加剧。正像同样的肉体疼痛对于敏感体质的人显得格外强烈,多愁善感的颖悟之士,对于人生苦趣也比常人更难忍受。由此想到聂绀弩先生的一句诗:"哀莫大于心不死。"信为悟道之言,并可为世间一切述哀文字作结。

吴趼人哭

清末著名小说家吴趼人生平喜为诡诙之言(吴趼人《〈俏皮话〉自序》),尝作《新笑林广记》《俏皮话》等数种。然其人实为有血性者,1902年出版的《吴趼人哭》,便是一部语极沉痛的小册子。该书由五十七则文字组成,结语均作"吴趼人哭"。另有开篇二则,分述"趼人"之命名及"吴趼人何为而哭"的撰文起因。其言曰:

> 天下事有极可怒者,有极可哀者,更有怒之无可容其怒,哀之又不仅止于哀者,则惟哭之而已。

并自认所记叙不过天下可哭事之百十千万分之一而已,因此"掩面大嚎"。吴趼人所谓"惟哭之而已"之事,即今言"又可气又可悲"者,感情上近乎鲁迅先生所说"哀其不幸,怒其不争"一类。不止于哀,而又怒之,便见出吴氏涕泗横流中的"近代意识"。必以为可悲之境应当改变,才动怒于其人的不觉悟。

书中某些记述,清楚地显示出西学东渐给予中国读书人的影响。第一则:

> 尝与人曰:"我中国一分子也。"旁有以此言为痴者,视之,则俨然着长衫戴眼镜有书卷气之人。问渠何得以我言为痴,则曰:"汝不过中国一布衣,何得有中国一分?"吴趼人哭。

国家一分子是近代从日本引进的说法,它与传统的"国家兴亡,匹夫有责"相异之处,在于人人平等的国民资格。无怪乎某使臣"以平等自由为邪说",吴趼人要为之一哭。又分辨"团体"与"依附"之不同,一为"平等之人互相团结",一为"显贵者在上,群往依附之"。吴氏认为"中国有依附而无团体",又为之一哭。

晚清维新派大都将开通民智、变法图强的希望寄托在读书人身上，办报馆、变科举，主意都在使其接受新学，再为全社会启蒙。期望愈殷，不免责之愈切。戴眼镜的书生既不觉悟，他复何想？吴趼人于是一再为此落泪：

> 尝默念中国无开化无进步不能维新之故，大约总因读书人太少；忽又猛然转念，唯其读书人太多，所以无进步无开化不能维新也。

> 中国一百人之中不过有一两人识字，一百个识字人中不过有一两人通顺，一百个通顺人之中大约可得一两个极通顺能提笔行文之人。而此能提笔行文之人，非讲宋儒理学，即讲金石考据，甚或为八股专家；其有自命为名士者，则又满纸风云月露：各执一艺，此外不知更有何物。以几经拣选所得之人，乃如此！乃如此！

吴趼人怎能不放声大哭？

作《吴趼人哭》之年，正是梁启超的《新民说》开始刊出之时，对国民性的批判适成为知识界的热门话题。此题目既可以长篇大论剀切言之，也宜于写成哀怒交迸、发人深思的小品文。晚清维新派如谭嗣同、梁启超均曾痛斥过老子主静主柔之说，以为是中国百事废弛、人心不竞的病根。吴趼人也对国人的迟暮心态深致不满：

> 肯发奋者世人每目为躁进，抱不平者世人每目为多事，具热性者世人每目为狂妄，安因循者世人每目为守分，自了汉世人每目为明哲：吴趼人哭。

这样一个平庸的社会，必然会扼杀一切生机。在"物竞天择，适者生存"的思想流行后，有识之士对此感触尤深。补救之药也开出不少，只是社会风气的改变终须假以时日。

办报出身的吴趼人不仅喜欢编时事为小说以警醒世人，短篇随笔中也常信手拈入社会新闻，透视国人心理。《吴趼人哭》中便有许多则兼具史料与讽喻双重价值。如记借国难谋私利的官僚之无耻：他们出资收购因八国联军入京从宫廷散失的珍宝，只是为了"将以进呈，曰：'以若干金购某物，可望记名也，可望放缺也。'曾不闻有一人引为辱者"。这才是国家兴亡，干他甚事！只要有得官做，可以捞钱,其他不足挂怀。吴趼人又抄录《中外日报》所载河南新闻一则,以见中国官僚制度办事效率之低:"某日既暮,某教士归城,及门,则已扃矣。教士叩之,不开,因告之曰:'我教士也。'守兵走告城守,请钥。城守曰:'吾不敢自专,当商之于令。'"令再禀白抚军,"得抚军令,持钥启门,则时已四鼓矣"。可悲的不只是"官怕洋人"这一晚清社会的畸形世相(若是中国平民,原不必请示开门),令吴氏一掬热泪的,更在于官场互相推诿、不敢负责的庸俗风气。小说《二十年目睹之怪现状》对官僚阶层痛加嘲骂,本是因为吏治败坏必然祸国殃民。而国民性的种种弊端,也以官场的病态为极致。因而抨击官场,正所以为救世觉民之先着。

语及救世之方,吴趼人屡屡开出"恢复旧道德"(《新庵译屑·自由结婚》评语)一味药,大有顽固守旧之嫌。其实,在一个因变革而呈现分崩离析态势的社会,价值评判也是复杂多元的。吴氏既承认"知旧学之不足恃,故努力于新学"为大势所趋,"讲新学""不如人"亦令"吴趼人哭",他对中学与西学便大抵采取合则两美、离则两伤的态度,不以鄙薄任何一方为然:

顽固之伦,以新学为离经叛道;而略解西学皮毛之辈,又动辄诋毁中国常经:吴趼人哭。

只是旧学随着晚清社会的衰落已日益失去人心,西学却趁时跃升为时髦的显学。一成时尚,便多流弊。群趋于习西文一途的人中,尽多不求专门之学、无根底、无操守之辈。这自然让不满重功利而轻道德世风的吴趼人忧心忡忡,亟亟以"恢复旧道德"为救弊良策。可惜吴趼人辈的努力常失落于守旧与革命之间,不被世人理解。此条若补入《吴趼人哭》,相信并非蛇足。

1992年1月30日于畅春园

(原刊《文学自由谈》1992年第2期)

古今人物排行种种

近年来,排行榜这种做法很流行。不仅排比范围内的单位或个人密切关注此事,若是需要公众参与,投票选举,也大有热心者共襄盛举。此类活动的兴起以至一发而不可收,直接的影响固然是来自国外,诸如民意测验、畅销书排名、本年度十大新闻、最佳运动员评选等,我们先已通过国际新闻报道,耳熟能详;然而,再向前追溯,便不难发现,"排行榜"这一"舶来品"原本是地道的国货。

"比较"应该是人类的天性。有比较必有名次。人分三六九等最早的发明者不知是谁,但讲"爱人"的孔子已有此议。他按照人的习性将人类分为"上智""中人"与"下愚"三等,认为,"惟上知与下愚不移","中人以上,可以语上也；中人以下，不可以语上也"（分见《论语》中《阳货》与《雍也》二章）。但这还是一种泛泛的分类，并没有具体到个人。最接近现代意义的"排行榜"，大约为班固所首创。其《汉书》中的《古今人表》，在《史记》的"十表"之外另辟天地，将汉以前人物分列九等。所依据的分等标准便是孔子的"三分法"，"序"中便一一称引《论语》中的相关语句。不过，"三分"用于鉴别古往今来的各色人等，毕竟还嫌太粗疏。孔子既有"中人以上""中人以下"的说法，提供了再次分解的可能性，班固于是又将每等三分之，便成"上上""上中""上下"等九级。其中"上上"为"圣人"，"上中"为"仁人"，"上下"为"智人"，"下下"为"愚人"，余则无专名。上古时代多"圣人"与"仁人"，间或有些许"下中"之人与"愚人"，"中人"之列全为空阙。夏禹以后，"中人"及"下愚"之人增多。周公以下，则"圣人""仁人"已寥寥无几，继周公而称圣者唯一孔子。人心不古、世风日下的历史退化观，从这张《古今人表》中已清楚显示出来。照此排列下去，汉代的情形也可推知。难怪班固于秦末的项羽、陈胜、吴广之后戛然而止，实是心有忌讳，难以为继。

班固的《古今人表》虽名实不符，有古无今，却开了后代人物品评的风气。从东汉末年到魏晋时期，此风愈演愈烈。"上品无寒门，下品无势族"（《晋书·刘毅传》）的"九品中正制"的确立，据研究者考证，即与人物品题不无关系。文学批评亦受濡染。南朝钟嵘的《诗品》，便是仿班固的"九品论人"，而以"三品升降"（《〈诗品〉序》）论列汉至梁诗人一百二十余名，可视为最早的"古今诗人排行榜"。其中置陶渊明于中品，曹操为下品，均遭致后世物议。钟嵘批评班固论人多不恰当，自己却也未免此讥，原是因所处朝代不同，个人志趣相异，用以较量的名与实自然颇有出入。看来，这类排行榜在不同时代、不同人群中，很难产生公认的统一标准与定评。

反之，如以"王杨卢骆"排定"初唐四杰"的名次，因所评为同一时代的诗人，便很容易被社会接受，且流传久远。只是当事者的感觉与反应可能不同。卢照邻或许比较谦逊，传说他闻知"四杰"排行后，自评为"喜居王后，耻在骆前"（《朝野佥载》卷六），对王勃与骆宾王都很推重。杨炯则相当自负，对此排名大为不满，谓人曰："吾愧在卢前，耻居王后。"其实，此话只有一半是真。其友张说即一语道破其心事："'耻居王后'，信然；'愧在卢前'，谦也。"（《旧唐书·杨炯传》）大抵文人相轻，自古已然，因而文人的自我定位原作不得准。

事情也不能一概而论。有时，当事者的申辩虽无法改变社会公论，却也自有道理，不可不听。近代翻译大家严复与林纾，经康有为"译才并世数严、林"（《琴南先生写〈万木草堂图〉题诗见赠赋谢》）的品题后，便总以这样的次序联在一起。然而，康氏意在称扬的一句诗反同时得罪了两个人。严复认为，林纾一个外国字也不识，哪里称得上"译才"，自己羞与为伍，故说康有为胡闹；林纾则以为，此诗既是因他绘《万木草堂图》赠送康有为，康赋诗称谢，本当以自己为主，严复只算陪客，故诗句应用"十四盐"韵，作"译才并世数林、严"，却不该反客为主（见钱锺书《林纾的翻译》一文记李宣龚语）。二人着眼点不同，一出于译学，一出于诗道，就事论事，都言之成理。只是中国的情况特殊，晚清的留学生归国，或忙于经商，或忙于从政，即使有少数有心人愿意涉足文字翻译，所着重者也在于富国强兵最有效的声光化电之书或于救亡图存最急迫的政治法律诸学。文学历来被视为"小道"，小说更不登大雅之堂。林纾乘虚而入，又有一支善于为文的妙笔，使异国风情历历如绘，自然风动一时，得享大名。严复虽不服气与之同列，却也无法否认林译小说的影响之广绝不在他的译作之下。

其时盛传的"可怜一卷《茶花女》，断尽支那荡子肠"（《甲辰出都呈同里诸公》）诗句的作者，不是他人，原是严复自己。而康有为既从译事落笔，本不能首选林纾，惹人笑话。林纾不悦，也是徒然。

严复在译界坐第一把交椅，不但有舆论的支持，并且早经过官方的钦定。1910年1月清政府公布的赏给留学生进士、举人头衔的名单中，严复即名列文科进士第一。不仅如此，连他当年执掌北洋水师学堂时期的学生伍光建与王劭廉，也同登一榜，俱授进士。名师高徒，一门荣耀，自是十分风光。严复作诗尽管自谦说"敢从前后论王卢"，并不以自己的占先沾沾自喜；然而，对于师徒同日高中仍有不能掩饰的自得。《见十二月初七日邸钞作》的末句"青眼高歌见两徒"，即已将此情泄漏无遗。统共四名文科进士，严氏师徒是四分天下有其三，只委屈了夹在中间的"怪才"辜鸿铭。辜氏生长海外，留学欧洲，归国后又肆力中学，遍览群书，自命学贯中西，以英文译介中国典籍，为西方社会所重。进口总比出口容易，且更易得名，辜氏因此对严复不无揶揄，所谓"栽者培之，倾者覆之，反覆词费，何遂矜为创解"（惜阴《国学辜汤生传》），言其不过是顺水推舟，别无心得，并不见高明。后人指此语为不满于清廷封赏的次第，当是事出有因。若是今日重新论定，"墙里开花墙外香"，便要把这一名次颠倒过来。即此一例，也可见中国与世界的联系确是比前不同，无法分割了。

以上排名尚限于国人自比。在西学东渐以后，画地为牢、夜郎自大的做法已不大行得通。开始走向世界的近代中国人，因之有了比较中外的意识与眼光。人物排行也不例外。吴虞日记于1912年记章太炎"曾取中外学者列一榜"，其"生平最喜康德派哲学"，自当尊为一等；并世人物则王闿运列斗方名士第一，康有为二等，谭嗣同、梁启超六等；古人中孔子列八等，还在荀子、刘歆之下，地位一落千丈。无论其中西合璧的思路，以及因有异域学术的参照而产生的新次序，都已在在透示出现代色彩，与班固的《古今人表》直有霄壤之别。即使一向狂傲的吴虞，也不禁赞叹章氏"精识独出，真振古奇人也"。章太炎既是自古以来不多见的奇人，猜想在吴虞心目中，其位次必居上等。

以对社会发展的贡献排名也罢，以专业成就的高低排名也罢，都无不可，虽然定位容有偏差可议处，倒也无关大局，不致置人死地。只是不要出现据说元朝曾经实行的

"八娼、九儒、十丐"（谢枋得《送方伯载归三山序》）一类歧视性分等，则幸甚。

1991年11月17日于畅春园

（原刊1991年12月《瞭望》第49期）

晚清报纸上的秋瑾之死

晚清近代化报刊的出现对于建构现代国家的作用，可以从许多方面论说。单是民间报刊的存在所带来的舆论空间多元化，其意义便很可观。1907年7月15日秋瑾之死在当时报纸上引发的巨大反响，即将此中意蕴演绎得淋漓尽致。

秋瑾因组织推翻满清政府的武装起义而被捕，且斩立决。其处死方式之残酷，放在上年9月清廷刚刚宣布"预备立宪"的背景下，迅即受到了报刊舆论的强烈置疑。由言论最为大胆的上海报界发端，对秋瑾被杀案的异议也波及全国。甚至天子脚下的北京，也不乏仗义执言的声音。

上海的《申报》《时报》《神州日报》，分别代表了中间、改良、革命三派的政治力量，而其在秋瑾被杀一案的报导与评议上,却显示了空前的一致。7月19日,《时报》已开始大力抨击杀害秋瑾的暴行。该报编辑包天笑尖锐地将此案定性为滥杀无辜:"我今乃知天下有以弱女子之血,为人希恩固宠、邀名猎誉之资料者。"而其对秋瑾"果为革命党员耶"(《时评》)的深刻怀疑,则揭开了大规模抗议的序幕。

报界之将秋案判定为冤狱的最初依据,是传闻秋瑾的杀无口供,而仅有当堂写下的"秋雨秋风愁煞人"七字诗。《申报》的社论因此将其与秦桧的陷害岳飞相提并论:"古有'莫须有'三字以兴大狱,而今竟以'秋雨秋风愁煞人'七字以为罪案者,是则何人不在当死之例矣!"(8月1日《驳浙吏对于秋瑾之批谕》)秋瑾在京城结拜的盟姐吴芝瑛甚至以真名实姓发表《祭秋女士瑾文》,公开嘲骂下杀人令的浙江巡抚张曾敫为"反常移性"的"嗜欲之流","触情纵欲"的"禽兽之类"(8月11日《申报》)。

如此众口一词的激烈反应,也让浙江与绍兴两级官府领受到众怒难犯的沉重压力。张曾敫7月29日给绍兴知府贵福的电文,即专一追究证据:"所称当场搜出,系在身边搜出?抑在堂内?字据三纸内,何者是亲笔?"而其所顾忌的正是"报纸""邪说"。为平息舆情,地方政府也不得不急忙将"搜获证据,刊刻传单",在报上公布。

8月13日,由贵福提供的秋瑾供词率先在各报发表。但此举并未如浙抚绍守所愿,起到澄清事实、统一舆论的作用,相反却招来了更多的斥骂。《申报》在抄录口供的同时,又加按语,揭发其"可疑",指责为捏造:"然死者已死,无从质证,一任官吏之矫揉造作而已,一任官吏之锻炼周纳而已。然而自有公论。"(《绍狱供词汇录》)

即使四天后,贵福匆忙将搜获的"罪案"文件一并公示报端,秋瑾之为革命党、策划暴动各情已彰明昭著,上海报界的挞伐仍力道不减。"不敢谓杀革命党之非也"(7月23日《论绍兴冤狱》)的《申报》同人,也照样刊出《敬告为秋女士呼冤者》一文,依据中国现实,理直气壮地为革命党秋瑾进行合法辩护:

> 女士果起革命军矣,固不能如文明国处以国事犯相当之罪,势必难逃一死。若革命未见实行,罪名未见宣布,而遽以"秋风秋雨"七字定谳,则是官吏蔑视法律,鱼肉我同胞也。

于是,问题也转为:"故今日之争,不必问秋女士之革命,真与不真;但当问官吏之杀我同胞,当与不当。女士当杀，杀之宜矣；乃杀而于法律未当，是不啻杀我无罪之同胞矣。"（8月25日）尽管中国其时距法治社会尚远，但为秋瑾辩护者所坚持的据法（现有法律）力争，便使其可以不为官方文告所左右，而在保障国民权利的更高层面上，讨论秋瑾被杀的意涵。

紧随上海之后，各地的报章也纷起响应，杀人者一时成为众矢之的。即或在言论控制最为严密的京城，起初相信官府罚当其罪的《北京女报》，也迅速改变了秋瑾"暗藏祸心"（7月25日《秋瑾正法的原故》）之说，而要求张曾敭赶快"拿出真凭实据"，且特意强调，"可别作假凭据"（8月6日《西国女子代秋瑾不平》），明显透出对官方的不信任。

与秋案相关的各人，由于处在报刊舆论的焦点中，也因此决定了其命运。被指为告密者的绍兴府中学堂监督（即校长）袁翼，8月2日、4日接连发电函给张曾敭，只因张氏"电奏有绍绅密禀字样"，"沪上各报"将其牵入，袁以事关名誉，要求张电示告密者姓名，"以雪沉冤"。而其"今且不问秋瑾之被杀当不当，只问翼之于密告不告"的追究，却终难完全肃清先入为主的印象。山阴知县李钟岳，尽管为秋瑾的判决，与贵福发生过激烈冲突，却因其死刑执行者的身份，遭受了不堪忍受的精神痛苦，在不断高涨的谴责声中，三次自杀，终得如愿。

更能显示舆论威力的是张曾敭的调任遇阻。这位备受攻击、权威尽失的浙江巡抚在署理当地已无法安身，而9月5日调其为江苏巡抚的上谕刚一见报，又立即受到江苏士绅的群起抵制。在报纸的推波助澜下，清廷最后不得不收回成命，将张改派山西。嗣后贵福的调补安徽宁国府，也遭遇了同样的坚拒，重蹈覆辙。

朝廷向民意让步，对其表示相当的尊重，这在当时皇权至上的中国，不能不说是破天荒之事。而上海报界在这场抗议官府的风潮中，也以立场的统一与言论的有效性，充分地彰显了其代表民意的独立品格。

2006年2月13日于京西圆明园花园

（原刊《中国新闻周刊》2006年第7期）

改良少年贾宝玉

电视连续剧《红楼梦》上演后，全国曾掀起一阵"红楼热"。卖《红楼梦》豪华版与"十二钗"剧照挂历的不消说，连印行各种"红楼续书"的出版社也赚了大钱。续书与仿作作为一种文化现象，自然值得小说史研究专家注目，而对于一般读者，读续作的结果多半是败坏口味。可惜，自古以来的小说家往往抵挡不住附骥的诱惑，以致续写之作至今不绝。

不过，晚清小说家吴趼人于1908年出版的《新石头记》，在众多"红楼续梦"中可谓别具一格。宝玉身边珠环翠绕的一群女子，在此书中竟不占一席之地。因为作者已明言，此书乃"兼理想、科学、社会、政治而有之"（《〈最近社会龌龊史〉自序》），唯独滤去"言情"。于是，伴宝玉出场的旧人便只有焙茗与薛蟠,而在进入理想社会"文明境界"游历前,也被一一打发掉。书中的宝玉更是性格大变,由"多情公子"一改而为"新学人物",不但勉力学英文,而且满口经济学问。难怪薛蟠要"拍手大笑",说:

> 从前人家多读两句书,你就说人家"禄蠹"。你此刻居然谈起这些经济来,是"禄"什么呢,还是什么"蠹"呢?

直爽的薛蟠将了宝玉一军。俗言"江山易改,本性难移"。同一个宝玉而有两样心思,的确不能不让人疑心作者的出笔是否太轻易了。谁知宝玉连同再造他的作者吴趼人对薛蟠的质询并不觉难堪,一句"彼一时,此一时也",便足以应付裕如。今雨吴伯惠也会凑趣,所谓"这才是士三日不见,当刮目相待呢"(第八回),话说得十分得体。

看来问题是出在"时"上。时代不同了,人物如何不变?即以读禁书而言:《红楼梦》中,宝玉与林妹妹一起津津有味偷看的是《西厢记》;到《新石头记》里,让宝玉着迷、四处寻找的却是《清议报》。"情种"怎能不异化为"志士"?发言曰:

> 以时势而论,这维新也是不可再缓的了!

在晚清的宝玉,便并非不可思议之事。

穿"时装"的贾宝玉出现,也可见其时风气。晚清维新之士谈变法,常喜欢拉大旗作虎皮。而被请出次数最多的,当数孔夫子。幸好孟子早就留下过"孔子,圣之时者也"(《孟子·万章下》)的话,可以供后人大加发挥。因此,王韬谈变法,便称引此语,断言:

> 即使孔子而生乎今日,其断不拘泥古昔,而不为变通,有可知也。(《变法》)

论学西法,亦以此为据,而曰:

> 诚使孔子生于今日,其于西国舟车、枪炮、机器之制,亦必有所取焉。(《易言·跋》)

其他,如预言孔子生今日,必学西文,必不参加科举考试,也同样顺理成章。大约发论者要提倡什么,便搬出其心中、笔下的孔子赞同一番。在维新人士,这样做毕竟多半是一种姿态，他们需要借用"孔圣人"的名头。因为"古已有之"加"圣人有言"，在传统中国社会确乎最有权威。主张变法者既未能免俗，又想利用此一旧俗，"言必称孔子"就成为这批新学之士的一大特点。

只是孔子在时人眼中到底是圣者，可以以阐发微言大义为名，偷运现代西方社会思想，如康有为之作《孔子改制考》；却不容许让孔子穿上西服革履，口吐英文，乘小汽车，演一出罢考的新剧。于是，在晚清文学中，我们便只能与改良少年贾宝玉觌面相逢了。

1990 年 11 月 23 日于畅春园

（原刊 1990 年 12 月 22 日《文汇读书周报》）

今日黔中大腹贾,当年海外小行人
——读陈季同《学贾吟》手稿本

治晚清文学的人,大抵都会因为写作《孽海花》的曾朴,而得知陈季同的大名。那位被曾朴尊称为"我法国文学的导师"的"陈季同将军",也曾经勾起我浓厚的兴趣。除了感激陈氏教导他系统研读法国文学外,曾朴介绍其人生平的几句话,尤其令我好奇:

> 陈季同将军在法国最久,他的夫人,便是法国人。他的中国旧文学,也是很好,但尤其精通法国文学;他的法文著作,如《支那童话》Contes Chinois,《黄衫客悲剧》L'homme de la Robe Jaune 等,都很受巴黎人士的欢迎;他晚年的生活费,还靠他作品的版税和剧场的酬金;他和佛朗士仿佛很有交谊的。(《复胡适之信》)

这样一位不但懂旧文学，而且其法文著作也享誉海外的晚清"将军"，关于他的情况，甚至他的名字，很长时间以来学界却一无所知，岂不怪哉！

而我20世纪90年代中对他的所有了解，也不过是知道他主编了一份《求是报》杂志，并参与发起、创办了上海的"中国女学堂"(见拙著《晚清文人妇女观》，作家出版社1995年版)。恰好那时我们有位福建籍的学生准备做硕士论文，我曾向他建议以陈季同为题，可终因资料难于措手且该生不通法文而作罢。后来，便有了黄兴涛等人从英文版翻译的陈季同著《中国人自画像》(贵州人民出版社1998年版)；2001年，孟华教授的高足李华川完成了博士论文《晚清一个外交官的文化历程》，该著三年后由北京大学出版社出版，这是国内第一本研究陈季同的专著。如此，我们对这位晚清将军已逐渐有所了解。

不过，除了将陈季同的外文著作移译归国，能够显示他的"中国旧文学，也是很好"的诗文作品却少有发现。李华川经过多方钩稽，仍因所获不多，终于放弃了以独立章节加以论述的最初设想。而这一缺憾，由于美国莱斯大学(Rice University)钱南秀教授在上海图书馆找到了《学贾吟》稿本，才得以弥补。此稿2005年10月已由上海古籍出版社影印出版，对于越来越引起关注的陈季同研究，这无疑是一份及时的奉献。

根据《福建通志·陈季同传》的记载，陈氏于"所著法国书数种外，有《三乘槎客诗文集》十卷、《卢沟吟》一卷、《黔游集》一卷"。而经钱南秀考证，《学贾吟》的主体（即从《汉口即事》到《汉皋怀古》）应该就是《黔游集》。这在陈季同其他文稿尚未面世的今日，其价值之珍贵可想而知。在影印本的《前言》中，钱南秀已利用此稿本所提供的新资料，对陈季同的贵州察矿经过、治世抱负、中西学养、家庭状况以及诗歌艺术做了详细分析，足以纠正以前的一些误传，弥补其生平史实中的若干阙失。

此前，学界对于陈季同的诗作，大抵只知道《吊台湾》《天津感事》等寥寥数篇。此编却将三百五十余首各体兼备的古近体诗作了集中展示，而且，其中三百以上的篇章又是写于1896年夏季以后半年内的湘黔川一行，陈氏诗兴之高，成诗之快，实令人惊叹。由此，著名诗人范当世一再称服陈季同的"甚有高致，余转自愧其才思枯竭，不能和也""真妙作，积欲和之而未有辞"，便未必纯为客套。当然，如此高产，一方面是展露其才思敏捷，但另一方面，因多为急就章，也必定会在锤炼的精纯上有不足。可这并不重要，重要的是，有这一批诗篇，已足够让我们体味作为诗人的陈季同的风采。

老实说，最初见到此手稿影本时，我最觉惊异的是其书法的俊逸。原本以为，一位早年出身福建船政学堂的留学生，外文可以很高明，中文底子则未必佳。但在钱南秀那里见到的陈季同1889年为法文小说《珠江传奇》(*Le Fleuve des Perles*) 手书中文序的复印件，立时打消了我是否抄本的疑虑。古人一向喜欢说"书如其人""诗如其人"，有这样一笔漂亮字体的陈季同，其才华横溢自不待言。由此联想起的竟是罗曼·罗兰眼中的陈季同形象："他身着紫袍，高雅地端坐椅上，年轻饱满的面庞充溢着幸福。……他的演讲妙趣横生，非常之法国化，却更具中国味，这是一个高等人和高级种族在讲演。"(《罗曼·罗兰高师日记》)而《学贾吟》影印本卷首载录的五张由法国摄影师拍下的陈季同像，很可以与罗曼·罗兰的描述相印证。自然，该卷汇集的陈季同肖像、各种著作的版本、主编的报刊、墓碑等影集，在在显示了编者钱南秀资料搜集的功夫，也为读者"读其书而想见其人"提供了最大的便利。

除了钱南秀已经仔细考察的赴黔行旅外，《学贾吟》后九页（以现代印刷页码标为17页）以补白形式抄录的陈季同在此前后的诗作，也很值得重视。其中既有写于1895年抗日保台时的《台北待法国兵船不至》《台北衙斋读〈长恨歌〉》和著名的《吊台湾》四律，也有与日本汉学家西村时彦、永井禾原（永井荷风之父）的酬唱之作。特别是诗中所展示的陈季同海上生活，大至参与兴亚协会的政治活动（见《偶成示兴亚协会诸友》），小至宴饮青楼的风流作态（中有多首赠妓女洪少兰之作），以诗记述，尤为具相生动。而篇中所涉及的沪上名人，如范当世、洪述祖、马相伯、袁祖志、沈寿康，以其可见陈季同的社会交游，史料价值更高。

与其他各位相比，范当世在上海居留的时间不算长，但其《范伯子诗集》中与陈季同的唱和数量之多却为各家之冠。钱南秀已从诗思与诗艺分析了陈氏的《和范肯堂述怀八首》，这里想要补充的是，根据编年，范当世原作《和顾晴谷六十述怀诗八首》成稿于光绪二十一年（1895），以下为《沪上答张幹堂玙》，说明陈季同应是在范此年过沪赴宁时，见到其诗而有和作。

洪述祖之为今人所知，乃是作为替袁世凯杀害宋教仁的凶手，最终也以此伏法。而在上海，陈季同与之交往颇多。单是末后的23题诗中，便有二题与之相关（《双锏室主人招饮一粟斋……》《赠洪少兰即席步洪荫之原韵》）。即在清末，洪已因收受洋人贿赂、劣迹斑斑而有恶名。陈之交洪，或许以为洪也与自己一样蒙怨被谤（陈季同因"私债"问题而被革职讯办之内情见李华川书）。但此亦可见陈氏交人太滥，实为一病，难怪范当世要以《慎交吟》见赠（范诗题为《慎交吟赠敬如义门兼视善夫》）。

马相伯是今日复旦大学（当初名"复旦公学"）的创办人，而其另一身份为神职人员。陈季同写赠他的《闻马二相伯重入徐家汇教堂为神甫诗以寄之》当作于1898年初。诗中夹注"公一月前闻胶、旅警信，致尺一书于余曰：各国瓜分中土，我辈为无国之民矣"，既提示了写作时间（分别发生于1897年11月14日与12月15日的德占胶州湾与俄占旅顺湾），也对了解马氏当年退隐的心境有所帮助。陈季同显然不赞成马相伯的选择，故诗中有"谁怜赤子悲无国，我为苍生惜此人"一联。

作为殿尾诗的《和沈寿康先生九十自述四律》，所和原作在《鲍隐庐诗文合稿》中未见。沈毓桂（原名"寿康"）另有《九十自述六律》，载于《鲍隐庐诗稿》，却与陈季同的和作韵律不谐，其出入缘故尚不能详知。沈氏为较早与西方传教士合作的中国读书人，其在上海四十余年最知名的文化活动，一为出任《万国公报》主笔，一为掌教中西书院，均与美国传教士林乐知有关。1898年为其九十华诞（王韬1897年撰《〈匏隐庐诗文合稿〉序》，言其"明年春，天锡九龄"）。而沈氏果然也如陈季同诗中所谓"龙马精神龟鹤算"，当1907年去世之时，报上已喧传其为寿逾百岁的人瑞。

至于袁祖志，本为清代大诗人袁枚之孙，19世纪70年代后，也是名动海上文坛的风流文人。光绪十三年（1887），袁氏游历欧洲，与时在柏林的陈季同曾有酬唱之雅。袁诗题为《陈敬如都督（季同）远自柏林见寄二律依韵奉和》，下附陈氏原作，因未见有人引及，故抄录如下，以补阙闻：

才名久重继仓山，何意相逢出玉关。无分果然交臂失，有缘博得好诗颁（谓钱琴斋司马）。雕虫自合避三舍，窥豹终嫌止一斑。非个中人聊自炫，琼瑶可许诵回环？

晚岁乘楂鬓已皤，九洲[州]大地遍吟哦。寻幽访胜奚囊满，问俗观风夹袋罗。祖武克绳昭著作，书生流涕发悲歌。洛阳纸贵知他日，归去应夸记载多。

揣其诗意，当是陈季同通过驻德参赞钱德培得见袁祖志诗，故主动投赠。这段因缘在《学贾吟》卷末所录《袁翔甫大令以诗稿见赠率成一律以谢之》也留下了痕迹，是即"柏林高和今陈迹"之本事。而该诗首句"海外归来又七年"，乃自陈行踪，由其1891年归国下推，陈氏作诗之际正当1898年。

综上所述，并据陈季同《和沈寿康先生九十自述四律》其一首联，"才过九十好春光，入夏融融昼正长"，可知现存《学贾吟》全稿所收诸作，实截止于1898年夏。而陈氏居留上海期间所交诸友，也以亲近西学者为多。

以下想略为讨论与上海古籍出版社影印版《学贾吟》有关的几个问题。首先是对诗集名称的释读。钱南秀据陈季同谢袁祖志一律尾联"贾生不作长沙哭，镇日行吟手一篇"，而将书名之义解为"应是季同自比汉长沙王傅贾谊，似隐怀才不遇、雄图难展之慨"。去夏在南京大学的比较文学会议上，章培恒先生已对此提出质疑。本人最初也有同样的疑问，但因未读全稿，不敢肯定。此次通览一过，发现中有"今日黔中大腹贾，当年海外小行人"（《舆中吟》）、"远贾原同新嫁娘，未谙食性作羹汤"（《晓发黄平……》其九）、"昔乘博望楂，今作瞿塘贾"（《瞿塘峡》）诸句，均明指其贵州探矿一事。且陈季同在欧洲生活日久，亦不存古代国人"重农轻商"之见；相反，《学贾吟》中，陈氏倒专有《即事》

二首,对营商之道大加推崇:"朝野纷纷讲富强,亦知国本在经商。"(其二)因此,《学贾吟》题名中的"贾"应读为"商贾"之 gǔ,而非"贾谊"之 jiǎ,应可确定。何况,陈季同答谢袁诗本与黔行无关。

其次,因此卷为手稿本,而陈季同的行书参以少量草书的书体(见同书卷末沈岩论《学贾吟》书艺一文),仍会在辨认时留下若干难点。如《朱砂矿》一诗,原句"洞口云封七合塘""一片愚诚佐自强",《前言》引用时均有误字。特别是《有赠》一首,钱南秀以为当系陈季同写给其法国夫人赖妈懿之作。不管怎样,开篇两句"一纸音书亥豕多,漫从纸背细推摩",从"亥豕"之形容文字因形近而讹看,受赠女士书写之不易辨认已可了然。而释文误为"言不多"与"线背",便很费解。

复次,由于手稿释读时,容易发生鲁鱼亥豕的讹误,上海古籍出版社采取影印方式出版《学贾吟》,实为最佳选择。何况,此举又能以陈季同的墨迹原样示人,使读者可以品诗赏字两不误。但笔者发现,陈氏诗稿在编辑过程中也有疏失,即14与15页的错置,实应前后互调。除鱼尾不合外,查对清朝地图,由湘入黔,也应是先过晃州,依次才到青溪、镇远。目前的诗序是:《到青溪矿局》《镇远道中》《晃州道上》《途中遇雨》《镇远郡城》,"晃州"夹在两"镇远"之间,显然与行程相忤。如将《晃州道上》与《途中遇雨》两诗提前,则一路顺畅。

虽有些许遗憾,《学贾吟》的出版毕竟是一件令人欣喜之事。而广西师范大学出版社近日更推出由孟华与李华川主持的"陈季同法文著作译丛",使我们得以集中阅读直接译自法文、更接近原作的陈氏著述。相信在此合力作用下,陈季同研究当会更上层楼。

钱南秀为《学贾吟》所撰《前言》既题作"贾生不作长沙哭,镇日行吟手一篇",我则以为"今日黔中大腹贾,当年海外小行人"更近于陈季同黔游事实,即戏以名篇。

2006年1月25日于京西圆明园花园

(原刊2006年2月19日《文汇报》)

两种新刊黄遵宪集版本小议

去年为黄遵宪去世一百周年,赶在3月的纪念活动开始之时,中华书局出版了《黄遵宪全集》(陈铮编)。而此前两年,天津人民出版社也以《黄遵宪集》与《日本国志》(均为吴振清、徐勇、王家祥编校整理)分编的方式,刊行过黄著。两种文集的面世,显示出黄遵宪在近代史上的重要性已日益为学界所认知。

正所谓"后来居上",黄遵宪集的中华版胜过天津人民版多多,自不在话下。特别在资料搜集的详备上,《全集》本充分利用了学界已有的研究成果,贡献良多。其中由在日本工作的陈捷博士专门根据手稿,整理了黄遵宪与宫岛诚一郎、冈千仞、增田贡等日本友人的笔谈,为国内首次发表,最为难得。单是函电一类,《全集》本辑录的226通,即比天津本的117封多出将近一倍，其他已可想见。细微处，如笔者《晚清社会与文化》书中引录的《过答拜石川先生》，《诗骚传统与文学改良》中抄录的《黄参赞答社长中村敬宇书》，亦为编者采及而无遗漏。凡此，征之《前言》所述，此书乃"历时二十余年"始克编竣，良有以也。

不过，翻阅一过，笔者仍感到不少遗憾。尤其是在《人境庐诗草》校勘底本的选择上，两种黄遵宪集竟然前仆后继，犯了同样的错误，实在令人无法缄默不言。

先说天津版的《黄遵宪集》。编者在《整理说明》中已交代，系选用钱仲联先生1981年笺注本为底本。由于笔者在撰写《黄遵宪〈朝鲜策略〉的写作与接受》（刊2000年8月16日、2001年1月17日《中华读书报》）一文时，曾经偶然发现，上海古籍出版社1981年出版的钱仲联先生所作《人境庐诗草笺注》，对原文有若干出于政治原因、未加说明的删节。当时文中指证的一例，是与《朝鲜策略》有关的《续怀人诗》咏金弘（黄遵宪写作"宏"）集一首。《人境庐诗草》1911年初版本诗后有长注：

> 朝鲜金宏集。光绪六年曾上书译署，请将朝鲜废为郡县，以绝后患，不从；又请遣专使主持其外交，

廷议又以朝鲜政事向系自主尼之。及金宏集使日本，余为作《朝鲜策》，令携之归，劝其亲中国、结日本、联美国。彼国君臣集众密议，而闻者哗噪。或上书诋金为秦桧，并弹射及我，谓习圣教而变夷言，盖受倭奴之指使，而为袄教说法云。

而《笺注》本只保留了"朝鲜金宏集"五字，其他一概删去。在更早一年写成的《黄遵宪与日本明治文化》(《学术界》2000年第1期）中，笔者也指出过，《续怀人诗》为"琉球马兼才"所作者也有类似的删节情况。取此两处为示范，与《黄遵宪集》比照，因未参校他本，完全照录《人境庐诗草笺注》，故该集编者毫不知道中有阙失。

本来自期以"重视著作底本选择，增强可信度"（编者《前言》）为一大特色的《黄遵宪全集》，可惜也未能尽如其言。关于《人境庐诗草》的底本，在《编辑说明》中却是含糊其词：

据刻本，参照钱仲联先生的《人境庐诗草笺注》(上海人民出版社1981年版）本，原诗夹注从页末注移至正文，长诗分段有所归并，每首诗加编序号。整理时参考了高崇信、尤炳圻校点的《人境庐诗草》(1930年版）。

读了这段让人糊涂的"说明",仍然无法弄清编者所用的底本到底是哪个"刻本"。而关于"原诗夹注""长诗分段"的改动处理办法,也应该全部是针对《笺注》本而言,因为在初刊本中并不存在这类问题。这里还想顺带指正的是,钱注本的出版者实为上海"古籍"而非"人民"出版社。

其实,仍以上举《续怀人诗》二首作标本,即可明了,《全集》所取的底本并非编者语焉不详的任一"刻本",而实在是《人境庐诗草笺注》这一现代铅排本。因此,与编者的"参考"本对勘,才会在"朝鲜金宏集"之后的校记中出现"高崇信、尤炳圻校点《人境庐诗草》下有:'光绪六年……'"诸语(《黄遵宪全集》130页)。

按说,整理已刊古籍最基本的做法,是以作者自定本或初刻、初刊本为底本。实在因一本难求,退而求其次,也应选择比较好的校勘本,将其与自定或初印本反复核对,改造为接近善本的工作底本。在此基础上,再与他本合勘,出校记。这里现成有梁启超1911年10月10日(辛亥八月十九日)为刊印《人境庐诗草》,写给黄遵宪从弟遵庚谈校勘的信,可为范例:

示敬悉，谨手校一过寄还。此中讹误尚二三十字，大约所校必不谬，即与原文不合，亦钞者笔误耳。其余有数处，未敢自信者，一一批列眉端，请再一查原文为盼。每卷末写初校覆校名极宜。吾侪既附骥，且亦当负责任也。朱古翁（引者按：即朱祖谋）所校之纸，别批缴。其中有商及韵脚者，吾侪万无奋笔擅改之理，听之。又有所不安适，欲在该句下用一注云"□□按：某字疑误，姑从钞本"字样，公谓何如？此按语，或用尊名，或用贱名，皆可。

按照这样的规矩编校出来的《人境庐诗草》初印本，有"弟遵庚初校／梁启超覆校"的保证，可以信为此中善本。何况，原稿（即信中所言"原文"）十一卷，本是黄遵宪"手自裒集"（辛亥初印本黄遵楷跋），属于作者生前自定本。

两种黄遵宪集的编者当然也知道应以1911年初版本为底本，却又不约而同均直接以《人境庐诗草笺注》取而代之，这自然是由于《笺注》确是目前通行各本中的善本。钱仲联先生尝自述其编校原则：

原刊本为辛亥日本排印（线装四册）。其孙能立于一九三〇年六月再版行世（线装二册），原刊误字，再版中有已改正者，则从再版。原卷一至卷四钞本及卷五至卷八稿本，以及他家选本及诗话等，载黄先生诗，字句间有不同处，注于每句之下，不另为校勘记。

其博采多家，精审毋庸置疑。于是，二集编者既震于钱先生的大名，过于信赖其完善度以及上海古籍出版社的校对水平，且此本又最易得（这点或许更为重要），便径以钱本作为工作底本，才会出现上述失误。而《全集》所"参考"的高崇信、尤炳圻校点本，依据钱仲联先生的意见，则是"率意妄改，兹不复赘引加驳"（《〈人境庐诗草笺注〉发凡》）的劣本。引为参校本是谨慎，但竟据此而不回勘初印本以作校记，则是大不应该。

实在说来，1911年在日本印行的《人境庐诗草》初版本并非难见之书，之所以出现这样严重的犯规现象，还是躲懒心理作祟。殊不知百密一疏，此一"疏"对于点校古籍又是至关重要的底本选择，便很容易动摇读者对该书整体的信任。而两部黄遵宪集，一标注为"全国古籍整理出版规划领导小组资助项目"，一属于"国家清史编纂委员会·文献丛刊"，竟也出现了如此常识性的错误，更让人备觉失望。

对于《黄遵宪全集》，还有几句话想说。一是此书校记多有遗漏。最明显的是其依据《人境庐诗草笺注》"钞本无此诗，盖后来补作"之言而加的说明，不知何故，时有时无。以卷三为例，其中只有《不忍池晚游诗》与《近世爱国志士歌》有记，在钱本中属同样情况的《由上海启行至长崎》《西乡星歌》《樱花歌》《都踊歌》《赤穗四十七义士歌》《罢美国留学生感赋》《流求歌》诸题却均付之阙如。二是此书印装为十六开本，两大厚册，放在书架上足够壮观，却是拿在手中阅读，极感不便，莫非也落入了"清史编纂"项目"形象工程"的窠臼？最后，此书连同"国家清史编纂委员会·文献丛刊"其他各种，均采用简体字排版，也令人不解。但此事说来话长，不说也罢。

2006年1月16日于京西圆明园花园

（原刊2006年3月1日《中华读书报》）

作为教科书的文学史
——读林传甲《中国文学史》

宣统二年（1910）六月由武林谋新室出版的《中国文学史》，原为林传甲光绪三十年（1904）于京师大学堂优级师范馆讲授中国文学课程时所写授课报告书，故封面书名上方以双行字注有"京师大学堂国文讲义"字样。单行本正式出版前，先行在《广益丛报》第 229 号（1910 年 4 月 19 日）上开始连载；至 256 号（1911 年 1 月 10 日）刊完，已在全书印行以后。据陈玉堂《中国文学史书目提要》著录，此前有讲义本署名林归云，于 1904 年与 1906 年两度印行。今所见另一版本无版权页，出版时间、地点不详。1925 年，汪剑余"以林制为蓝本"（《绪言》），稍加删改，易名《本国文学史》，由历史研究社出版，上海新文化书社总代售。篇目虽由原来的十六篇减少为十四章，标题与文字内容袭用处正多。其新增部分,仅为第一章第十七节以后五段文字,分述文艺之发生及诗歌、小说、戏剧之发展,以求合于现代潮流。自郑振铎于1932年出版的《插图本中国文学史》中称林作为"中国人自著之中国文学史,最早的一部"(《绪论》),此后论者多持此说。其为文学史研究者所重视,也与肇始之功有很大关系。

此书作为教科书,不完全等同于个人独立的撰述。

全书篇幅不长,而内容繁多。各篇目次如下:一、古文、籀文、小篆、八分、草书、隶书、北朝书、唐以后正书之变迁;二、古今音韵之变迁;三、古今名义训诂之变迁;四、古以治化为文,今以词章为文关于世运之升降;五、修辞立诚、辞达而已二语为文章之本;六、古经言有物、言有序、言有章为作文之法;七、群经文体;八、周秦传记杂史文体;九、周秦诸子文体;十、《史》《汉》《三国》四史文体;十一、诸史文体;十二、汉魏文体;十三、南北朝至隋文体;十四、唐宋至今文体;十五、骈散古合今分之渐;十六、骈文又分汉魏、六朝、唐、宋四体之别。每篇下又分章,除第一篇十六章外,余者均为十八章。作者自言:"中国文学专门科目,所列研究文学众义,大端毕备,即取以为讲义目次。"对照光绪廿九年(1903)清廷学部所颁《奏定大学堂章程》，其中规定中国文学研究法"研究文学之要义"共四十一款，前十六款正与本书篇目相同。书中涉及的领域已不限于文学史，而是将"诸科关系文学者"包纳进来，如当时属于经学科教授的文字学、训诂学，中国文学门中专设的音韵学以及修辞学、中国史、诸子学等。甚至今日归入文章学、并无历时性的作文法，也有专篇讲述。这种做法，正符合1903年颁发的《奏定优级师范学堂章程》对中国文学学科的要求："讲历代文章源流义法，间亦练习各体文。"即课程本身便应兼有历史与应用二重性。此种兼收并蓄的文学史观，在当日分科教育刚刚推行时，显示了观念的陈旧，文学尚未从宽泛的文字记述中独立出来；而对于今天因分工过细而眼界狭窄的研究者，它又提供了可以扫除某些死角的放大的视阈。如作者反对"元时儒教几亡"的旧说，以"耶律楚材以契丹人业儒"等事例以及《元史·列女传》中诸"知大义"之女子，证明"儒教不惟不亡，而且推行益远"，"治化所及者深矣"（四篇十六章）。其言固然有为清廷辩护之意，却也为研究元代文学（包括戏曲）的正统意识提供了一个值得考虑的解读角度。

　　从写法上看，林著借鉴了中国史书的传统体例："每篇自具首尾，用纪事本末之体也；每章必列题目，用通鉴纲目之体也。"这使得全书眉目清晰，各部分具有相对独立性，颇便于课堂讲授；而诵习各章题目，便可以大致把握此部文学史的基本内容，又颇便于学生研读。举第八篇若干章目为例：《逸周书》为别史创体；《大戴礼》为传记文体；《国语》创戴[载]记之体；《国策》兼兵家、纵横家、舆地家诸体；《世本》创族谱之体；《神农本草》创植物教科书文体；《司马法》创兵志之体；《孔丛子》创世家之体；《晏子春秋》创谏疏奏议之体；《吕氏春秋》创官局修书之体。其提纲挈领，一目了然，正是标准的教科书体。

此书虽沿用了旧史体例，但是中国文学历来无专史，故仍须求之域外。著者已明白承认其作乃"仿日本笹川种郎《中国文学史》之意以成书"。当时，笹川之作的中译本《历朝文学史》刚刚由上海中西书局翻译出版，而林氏依据的很可能是其1898年问世的日文原本《支那文学史》。他还进一步指出了该书"其源亦出欧美"（四篇十八章）的事实。因此，归根结底，林书展现了中国文学史研究接受西方文学思想而开始近代化学科建设的最初尝试。笹川著作对林氏的启迪意义，也主要在于把文学作为历史研究的对象物，进行系统考察。

在撰述中，林传甲的《中国文学史》自然也吸收了笹川的某些具体论点。不过，它与蓝本之间，仍存在着很大差异。这不仅表现在章目的安排上，《支那文学史》全部以朝代为序，对各阶段文学及代表作家的论述更充分，历史面目更鲜明；而且更重要的是，笹川的文学观念显然比林氏先进。笹川已摆脱了以文学为经学附庸的传统格局，故在《金元文学》《明朝文学》《清朝文学》三篇中，对显示"中国文学之特色"的《西厢记》《琵琶记》《水浒传》《三国志演义》《金瓶梅》《西游记》《红楼梦》等属于俗文学的小说、戏曲作品进行了专门论述。林氏对此很不以为然，以致痛诋"其识见污下，与中国下等社会无异"，认为"元之文格日卑，不足比隆唐宋者"，很大原因在于小说、戏曲的流行，《三国志演义》"几与正史相溷"，《西厢记》"遂成淫亵之词"（十四篇十六章）。而他对元代文学的总体评价便如此章题目所概括的"元人文体为词曲说部所紊"，因此几无足取。由于固守旧文学观，将小说、戏曲、曲艺作品摒除在外，使得他的文学史成为有缺项的不完整之作。对于古代治化之文的推崇与对于后世词章之文的贬抑，透示出的仍是儒家经典的影响。

与此相关，作者既将文学的范围限定在正统诗文之内，又给予文章以特别的重视，其对文学形式变迁的论述，便集中在文体的辨析与兼通诗文的骈散的分合上，他对于中国文学的历史描述，于是成为诸种文体的发生与演变以及上古骈散相合与唐以后骈文、散文分途的文章流变的考察。尽管其中的结论多有可取，但这一偏于文章学的视野也带来很大局限，使作者即便在本当并重的诗文上亦不能兼顾而畸轻畸重，有关诗歌的叙述明显薄弱，遗漏过多，造成这部文学史的又一种欠缺。

关于《中国文学史》一书的论述，作者自称是"甄择往训，附以鄙意"。沿袭成说，为文学史教科书的稳定性所必须；间出己见，则可以显出时代特色。著书之时，正值清末新学大盛。作者在论述中，也津津乐道新知识、新学理。或因感慨时事而有所发挥，如关于中国自强的讨论（十三篇三章），对"知有君不知有国，更不知有民"的旧意识的批判（四篇八章）；更多的还是将其他专科的新学知识纳入文学的范围。作者大为得意的以代数中"两负相乘，得数为正"解修辞学中的两否定词连用为肯定意（五篇五章），便是显例。论文体而涉及"《周髀》创天文志、历志之体"，"《黄帝素问·灵枢》创生理学全体学文体"，也可在这一背景下获得理解。新学首先是以声光化电一类格致学成果耸动世人，故自然科学不免被视为新学的标志，而引入人文科学研究中。作者自称"言学术，则谓天算、地舆、人事、物理缺一不可，考据、义理、词章则四者之佐助也"（四篇十八章），其言虽不免偏颇，毕竟已是把文学史作为一种学术研究严肃对待。而《奏定优级师范学堂章程》中先已有"如《素问》《周髀》之类，皆有实学可征"，"文学家亦当考览"的指示，林传甲亦可说是照章办事。

因此，就《中国文学史》的每一局部而言，作者或许可以发表独立的见解；而全书的整体框架与编撰思想，则受制于贯彻教学纲要的教科书形式。

1992 年 8 月 12 日于蔚秀园

（原刊《中国二十世纪文学研究论著提要》，
北京大学出版社 1994 年版）

学者的收藏
——读《（冯永轩藏品）近代名人墨迹》

日前从湖北归来，行箧中多了一册《（冯永轩藏品）近代名人墨迹》（湖北教育出版社2001年版）。说来惭愧，一函在手，我最先把玩不已的乃是此书的外包装。封面居中凸起的长方形木版上，镌刻着由著名学者饶宗颐先生题写的书名。颇近汉碑隶书风格的字体端庄凝重，在周遭本色木质的衬托下，浅棕的题字更显古朴大方。整个封面纵向分割为灰、白两大色调，占据中心的"永轩珍藏"印文若隐若现。外加以上下、左右打开的双层黑色函套，合拢来，正好与当中的版块取齐。内外均有一圈金线勒口，既起了调色作用，也恰到好处地突出了书名。书籍装帧进步之快，我于此书算是深有体悟。

这批藏品的主人冯永轩，本名冯德清（1897—1979），对于今人来说，名字相当陌生。不过，根据其子冯天瑜《卷首语》的介绍，永轩先生的生平实颇有可观：26岁入读武昌师范大学，从黄侃先生问学。两年后，即1925年，又投考清华学校研究院国学门，录取为第一期学员。次年毕业，即辗转于武汉、迪化（今乌鲁木齐）、西安等地教书。最终叶落归根，仍回湖北，任武汉师范学院历史系教授。"反右"时亦在劫难逃，学术生命就此中断。其收藏因此与经历相关，以得自新疆与湖北两地者居多。

虽然有集藏癖好的学者亦难免"见好就收"，但其中仍会透显出专业眼光。不收价昂且易作伪的宋元明书画，而以晚清以降的近现代人物墨迹为收藏重点，便构成了冯永轩先生藏品的最大特色。其价值已由冯天瑜谨慎地揭橥为："史学家或许可以从中获得史料（如曾、左、李、胡、彭、翁、洪等人的字幅均未收入其文集），并体悟某种历史现场感；美术家或许能从观摩这些书画作品中得到构图、运笔的启示。"而除了引文中提及的湘军、淮军首领，以及翁同龢、洪钧，其他近现代著名学者，诸如阮元、俞樾、杨守敬、康有为、叶德辉、罗振玉、张元济、章太炎、梁启超、王国维、章士钊、黄侃等，也均有手迹收录卷中。不论内容，单是这张名单，已足为此册增重。

显而易见，学者的人生踪迹与治学经历，必然会影响到藏品的结构。因此，此卷对于两湖、新疆人物给予特别的关注，本不足奇。而其中数量并不很多，却最为我看重的，倒是有关清华国学院的部分。第一届学生在校时的三位导师，除赵元任外，梁启超、王国维于冯德清毕业之际，均曾题字相赠。梁启超送的是一副楹联："遥山向晚更碧，秋云不雨常阴。"乃是集北宋词人周邦彦、孙洙句而成。王国维则录写了陶渊明《饮酒》第二十首的前半。据冯天瑜回忆，"梁、王二先生赠先父条幅长年悬挂我家堂屋，先父又时常谈及二先生道德文章及种种逸事，故自幼我们兄弟对这两位学术大师有一种家中长老的亲切感"。由此可见两位著名导师影响之深远。

可以分说的是，冯德清毕业的 1926 年，正是梁启超撰写对联兴致最高的时期。梁弟启勋在当年 5 月 26 日的《晨报·星期画报》上曾有描述："今年任兄忽发奇兴，自书春联，遍榜楹柱，庭院为之一新。"姑录在我看来最有趣味的几联如下：

大门一联曰："卿自用卿法；吾亦爱吾庐。"北屋联曰："周旋唯我与我久；自处在材不材间。"客

厅联曰："未能小隐聊中隐；忽悟今年老去年。"书房联曰："门前学种先生柳；日暮聊为梁父吟。"(《曼殊室填词》)

仔细品味，于传统文人的雅兴中，也不难发现政治家的别样情怀，这自与任公先生已退出政界的特殊身份相关。

不过，梁启超集句成对的兴趣其实更早即已引发。还在1924年9月，夫人李端蕙经过半年的疾病折磨去世，留给任公先生巨大的心灵创伤。自称"平日意态活泼兴会淋漓的我，这会也嗒然气尽了"的梁启超，在陪伴病榻边的数月中，便是靠翻阅《宋六十名家词》《四印斋所刻词》《彊村丛书》三部词集排遣痛苦。按照他的说法："除却我的爱女之外，这些'词人'便是我唯一的伴侣。"在无心著述的灰暗的日子里，梁启超就把这些词人的"好句子集句做对联闹着玩，久而久之，竟集成二三百副之多"。年底，梁氏写成《苦痛中的小玩意儿》一文记述经过，并将其中的佳对抄录下来。赠给冯德清的联语即成于此时。

而王国维的选择陶诗亦值得关注。以王氏谨严的性格，其题诗自然也大有深意。所录《饮酒》句为：

> 羲农去我久,举世少复真。汲汲鲁中叟,弥缝使其淳。凤鸟虽不至,礼乐暂得新。洙泗辍微响,漂流逮狂秦。《诗》《书》复何罪,一朝成灰尘。区区诸老翁,为事诚殷勤。

借陶渊明称颂孔子修订诗书礼乐以及汉儒传授六经以维护传统价值的努力,既以之期望于冯德清,更是王国维身为国学研究院导师的自许,"老翁"句的一语双关已尽见其心事。

其他如研究院同学刘盼遂、吴其昌的信札,也有助于考证毕业后各人的行止与学问。其时的清华虽实行新式教育,但国学研究院的师生关系仍带有传统书院的气息。追溯这些学生日后的发展路向及彼此间的联系,无疑是考察学术承传的好题目。在此应该提及的是,《近代名人墨迹》卷末的"附录"部分,还特意刊出了两张清华国学院师生的合影:一为1926年6月研究院第一届毕业摄影,校长曹云祥与梁、王、赵三位导师均在座;一为同年夏,张君劢自沪来京,梁启超率研究院同学茶会于北海松坡图书馆之留影。图片质量很高,实为清华校史上弥足珍贵的资料。

将两张历史照片用"附录"的形式公之于世，显示了作为后人的武汉大学教授冯天瑜先生的眼光；而保存清末曾任湖北学务处总提调的梁鼎芬开支给诸学堂教员的薪水与学生游艺会的奖品清单，以及印发《游学章程》的通知，则属于其学者父亲的别具只眼。从这些枯燥乏味的文牍里，反倒可以窥见今日已经隔膜的晚清学堂内部的实在情形。

能够体现这一学者识见的，还有王国维为冯德清开列的一张书目。根据孙敦恒编写的《清华国学院纪事》，入学不久，冯德清即选定了《诸史中外国传之研究》的题目；毕业论文便在此范围内，缩小为《匈奴通史》。今日留存的书单，即是王国维在具体指导冯氏研究时写下，内含《蓬莱馆地理丛书》(丁谦著)与《元史译文证补》(洪钧，广雅丛书)二目。其他如"保塞之民""冉駹杀匈奴"等字样，应是交谈中提到的史料，顺便写出，以明其意。将这样一页随手记录的纸张保藏几十年，自然只能归之于冯德清的用心独到。

此页下方尚附有清华研究院同学会1927年为王国维先生去世所发通知，以其稀见，一并录下：

敬启者：本院教授王静安先生于六月二日赴颐和园，投昆明湖自尽。同学殊深哀悼（遗书及详情见另纸），兹拟于最近期间，在清华园开会追悼。台端如有挽联、哀词等件，即希赐寄本院刘子植君收转。不胜盼切。耑此，敬候

台祺！

研究院同学会启　六月七日

其时已在冯德清离校一年后。

由于《近代名人墨迹》来源广泛，涉及的人物相当多，一些函札的收受者一时难于考明，也在情理中。而我从陈衍一信末尾的自注，"献侯学人既注张广疋骈文，尚欲注吾诗"，猜出"广疋"乃张之洞别号，爱用古字的陈衍故意将"雅"写作"疋"，进而考知信端所署收件人"献侯"，实乃为张做《广雅堂骈体文笺注》的陈崇祖（字献侯），则有如同在智力测验中获得及格般的愉快。至于由此信发现陈衍的诗名传世欲望之强烈，还在其次。

卷中说明文字亦有小误。如署名"邓聚奎"的一札混入刘盼遂名下；张照的一联"山深松翠冷，潭净菊花秋"，"深"字错释作"氵"；上引清华研究院同学会的启事，误

植为"启示"等。不过,与全书提供的史料价值与审美愉悦相比,这些瑕疵也可忽略不计。

2001年11月5日于京北西三旗

(原刊2001年12月5日《中华读书报》)

说"玩物丧志"

三联书店出了本很有意思的书——《北京鸽哨》。薄薄一册，不足百页，但关于鸽哨的历史、分类、佩系与配音方法，以及制哨名家与材料的介绍，外加图版示例、笔记及有关资料的汇辑，已是一应俱全。一册在手，即使从不知有此项学问者如我辈，也是大开眼界，粗通门径。作者王世襄先生也是位奇人。他受的是西方式教育，毕业于燕京大学，偏又会玩，并且喜玩俗物，而且能玩出名堂。世上自然不乏有异癖者，但癖而通，能著书立说，成为一门专学，则极罕见。王世襄先生也不轻易动笔，然而一出手，都是绝活。单是1989年问世的两部著作《明式家具研究》与《北京鸽哨》，便足够让人叹为观止。

可能是为了表示自谦，洒脱如王世襄者，也在后书《自序》中说了一句不够潇洒的话：

> 我自幼及壮，从小学到大学，始终是玩物丧志，业荒于嬉。

虽然明知"丧志"，仍"玩物"不止，表现了世襄先生的不以功名为意，可到底还是沿袭旧说，承认其权威性。实际上不只王世襄，古往今来，多有以"玩物丧志"为遁词的奇才异能之士。斗鸡、博弈不必说，即使吟诗作赋，本是文人长技，却也每以"玩物丧志"鄙薄之。倒叫人对这四个字发生兴趣，丢不下。

若追根溯源，不难发现。"玩物丧志"之说由来久矣。《尚书·旅獒》记西戎向周朝进献一种凶猛的大狗——獒，太保召公于是为周王作训词一篇，宣讲"明王慎德"的道理，其中便有"玩物丧志"一语，原是专对帝王而言。标榜以德怀远的古代帝王，一举一动，关系重大，自然不应该贪恋微物而丧失大志。一般平民百姓则不然。既不负有主宰国家命运的重责，即便性有所嗜，沉溺其中不能自拔，也与国运无关碍。甚至玩得倾家荡产，也是自己的事，与他人不相干。因此，似乎没有必要以帝王的德行标准要求普通人。可是我们知道的历史恰恰是"其实不然"。市井小民怎么玩，丧没丧志，倒不大有人关心。若是自命君子或是读过几本经书的文化人，在玩什么上便有诸多严格的限制。(这或许证明了其为普通百姓中的特殊阶层？)

人们从古代儒家经典中可以得到的一条教诲便是重德轻物。而被列于不可"玩"的"物"，也称得上是种类繁多了。大致说来，凡与修身、齐家、治国、平天下没有直接关联的事与物，都在其内。古人所谓"三不朽"事业，"立德""立功"之外，本有"立言"一项，似乎单凭诗文曲赋也可流芳百世。这又是"其然岂其然"。起码从宋代的程颐开始，即明言作文作诗是"害道"。其说援引《尚书》"玩物丧志"语，意在揭出"为文亦玩物也"的中心思想。即使后世被尊称为"诗圣"、总在诗中忧国忧民的杜甫，程氏对其也深表不满，举杜诗"穿花蛱蝶深深见，点水蜻蜓款款飞"一联，讥为"如此闲言语，道出做甚"(《二程语录》)，是明明将杜甫也归入"玩物丧志"者之列。如此排头打去，真的是"洪洞县里无好人"，文界诗坛非得剩"一片白茫茫大地真干净"不可。

此说太偏激，后人便很容易从中发现问题。像林纾就有过这样的评说：

宋之道学家，如程、朱至矣，问有论道之文，习诵于学者之口者耶？亦以质过于文，深于文者，遂不目之以文，但目之以道。道可喻于心，不能常宣之于口，故无传耳。

必得如韩愈，"有见道之能，复能以文述其所能者"，才可保证其文"必传"（《韩柳文研究法》）。只要"志"不要"物"，即只要"道"不要"文"，最后可能连一生苦苦修习的"志"与"道"亦将湮没无闻。

不过，林纾毕竟是文人之见。在道学家看来，文字的必传与无传很可能本来就是身外之物，立命安身之处只在穷理进德。这于个人修养或许更有益，只是还不能算得孔子的真传。孔夫子虽说过"行有余力，则以学文"（《论语·学而》)，颇有点轻视"学文"几近"玩物"之意，但又有"言之无文，行而不远"（《左传·襄公二十五年》）的话。全面的理解恐怕还得如顾炎武论韩愈文所云：

韩文公文起八代之衰，若但作《原道》《原毁》《争臣论》《平淮西碑》《张中丞传后序》诸篇，而一切铭状概为谢绝，则诚近代之泰山北斗矣。今犹未敢许也。

即是说，韩愈之所以功亏一篑，够不上文坛泰斗的格，就是因其于"止为一人一家之事，而无关于经术政理之大，则不作也"（顾炎武《与人书十八》）的著述之道上尚有欠缺。观乎顾氏本人的言行，既推崇宋代刘挚的"士当以器识为先，一号为文人，无足观矣"（《宋史·刘挚传》）的警言，力求"养其器识而不堕于文人"（《与人书十八》），又不绝对排斥"文"，而是主张"能文不为文人"（《与人书二十三》），才真正合乎孔子"余力学文"与"言文行远"的双重标准。

综合以上诸种说法，我们便可以对"玩物丧志"一语的"物"与"志"做出准确的界定。还是借用"三不朽"来表述，"立德""立功"自然属于"志"，"立言"的正确释义则应限于"关于经术政理之大"，若如此，也当划进"志"的范畴。而"无关于经术政理之大"的"闲言语"或"一人一家之事"，即使再有文采，可读性强，亦不在可以"不朽"的"立言"范围内。此类之作，都应径直归入"物"。染指其中，便是"玩物丧志"。如此说来，所谓"立言"，也只是立"立德"与"立功"之言，并没有另辟蹊径，与其他二者鼎足而立、三分天下。

"志"的疆域既如此狭小，"物"的领地又如此广阔，加之立德、立功的话古圣先贤几已说尽，千载以还，变不出太多花样，而关乎一己之微的情感、印象、感受之类，却因人而异，随时变迁，于是，历朝历代，不能苦守于"志"的神圣王国而游遨于"物"之迷人乐土的越界者便大有人在。

"玩物"者既多，自嘲为"玩物丧志"固然不失为一种明智的做法，但也出现了不同的声音。

一种是"玩物未必丧志"。不妨举个近例。汪曾祺有一篇《星斗其文 赤子其人》的散文，忆及沈从文先生在昆明时，曾热衷于收集耿马漆盒，后来又热心搜集各种丝绸、刺绣品种。依照旧说，此类爱好均为"玩物丧志"。而在他八十岁生日时，汪曾祺送他一诗，偏偏称其"玩物从来非丧志"，并且声明是"记实"，就是因为沈先生虽有"玩物"癖好，最终都派了大用场。《战国漆器》《中国丝绸图案》《中国古代服饰研究》等一部部专著的出版，使所玩之物尽化作了大学问。汪曾祺谓之，"他搜集、研究这些东西，不是为了消遣，是从中发现、证实中国历史文化的优越这个角度出发的"。这样"玩物"，不仅未丧其志，反而是志莫大焉。不只沈先生，凡是学者"玩物"，都有此特点。物之微末，在他们眼中都与历史文化的大题目息息相关。即如王世襄先生，他早年玩得痛快，晚年则把自己当年玩过、现在已成文物的玩意儿写来给世人看，在自得其乐的同时，客观上也为中国民族文化的变迁留下了些许历史印迹。物之所系，乃是一个民族的过去，如何能够等闲视之！

学者的玩法，"物"与"志"是统一的，若有著述，也易成传世之作。这种"玩物"固然也有娱乐的成分，但最终仍落实于"志"或曰"立言"，与纯粹的消遣不同。与之相对的则是"玩物何妨丧志"。性之所好，情有独钟，便顺其自然，玩物自乐。既不计较金钱价值，亦不想从中做出学问。可以玩得极精，有高超的鉴赏力；也可以只满足于占有，而分不清真伪、优劣。"玩物"本身便是目的。此外，别无他求。倘若为其找理论根据，最恰当的莫过于如下一段名言：

不作有益之事，固未免负有用之身；不做无益之事，又何以遣有涯之生？

这段话是从近人狄葆贤的《平等阁诗话》中抄出，但最初的发明者另有其人。起码后一半的意思唐人张彦远就说过："若复不为无益之事，则安能悦有涯之生？"（《历代名画记》）故狄氏语完全可以当作古代格言引用。前半段话当然是真理，人生一世，不做一点有益之事，岂不白活？后半段话也非谬论，人生一世，不做一点无益之事，岂不没法活？时时处处用心思、计功利，"非礼勿视，非礼勿听，非礼勿言，非礼勿动"（《论语·颜渊》），只怕总有失去自控能力、精力耗竭的一日，对多做有益之事不也是损失？而做有益之事，也做无益之事，才是古代哲人通达的人生观。无益无害之事既是生活中必不可少的物件，不伤天害理、损害他人的普通人的"玩物"，自然不该备受指责。何况还有一种"为而不有"的超然态度，可将"玩物"提升到人生的美好境界。当年王世襄先生的玩鸟、玩鸣虫，在我辈后人心中便引起此种感触。

由此想到前几年的"玩文学"一说。纯文学创作在正宗传统观念中，本来就属于"立言"之外的"玩物"。扬雄说是"雕虫篆刻"，"壮夫不为也"，恰是最形象的说法。在此意义上，"玩文学"似乎没有什么新的发明。不过，它所产生的文化背景毕竟不同了。曾几何时，先是借助"文以载道"之力，后是借助西方独立的文学价值观，文学家成了世人崇敬的社会名流，文学创作也成了世人艳羡的高贵职业。可以于此中求不朽了。而"玩文学"便是对这种高雅、严肃、带有几分神圣感的创作意识的历史反拨，或者说是与之开个玩笑。从内容到语言，它都力求以漫不经心的轻松出之。只是在我看来,"玩文学"实在是个很高的要求。它需要纯任自然,需要一种"为而不有"的心态。意识到自己在"玩文学"时,便已落入有意为之的第二义,已处于不自然的状态。也许,古人的"玩文学"与今人的"玩文学"相异之处正在这里——一无意,一有意。但好歹总是映衬出,文学的地位确实稳固地提高了,古人所玩的"物"与今人所玩的"文学",价值已不可同日而语。

那么,回到王世襄先生的《北京鸽哨》。他从早年的做无益之事到晚年的做冷僻学问,其实只是换了个玩法。处在有意与无意之间,不把自己玩出来的学问看作了不得的正经大事,有兴致写出来自娱、娱人,这或许是他成功的诀窍。

1990 年 7 月 16 日于畅春园

(原刊《文学自由谈》1990 年第 4 期)

初版后记

收集在这里的文字,都是1989年以后写的,曾分别在《读书》《中国文化》《学人》《文学史》《文史知识》《文学自由谈》《北方文学》《瞭望》《美文》《文汇读书周报》《中华工商时报》等报刊发表。此次结集时,将当初因刊载篇幅所限而删节的部分尽量恢复,并作了修订,编排为四辑。

借用黄遵宪的话,先前出版的《诗界十记》可谓之"诗之外有事",本书则是"诗之中有人"(《人境庐诗草·自序》)。虽然涉及的材料不只是诗,人却多关于晚清。

第一辑前六篇文章,均力求通过人物某一重要的性格侧面,揭示其人一生行事的真精神,或许可以为解读近代名家,提供一个容易被忽略的角度。后二文从众说纷纭中描画人物之大略,仍希图于其诸般行事中,发见始终不变的一二底蕴。

人之性情尽管天差地别,七情六欲却为人所共有,不管古圣今贤,都无法断此尘缘。第二辑文字即从此切入,以展现历史人物同中有异的微妙心态。

人之行迹,南北无定。加之晚清国门洞开,足历东洋、西洋者不乏其人。有幸访学东瀛,得以追踪近代文人学者在日遗迹,并效法前贤,登山临海,入乡问俗,以求领会涵藏于四季风光与日常生活中的异域文化精神,自觉对晚清东游之士的所思所感更多了几分了解。是为第三辑之来历。

读书有得,因以成文,便有了第四辑所收的若干短篇。而无论谈学说史,评人论事,均可于其中窥见一时代之人情。

附录一篇,记述季镇淮先生的人生与学术之旅,以表达对引领我走上近代文学研究之路的导师一点感谢之情。

平生不喜欢看描绘未来世界的科幻片,以为太缥缈;倒愿意沉想于古人的文字中,感觉更实在。既然在必须面对的现世之外,人们仍需要某种想象的世界以为补充,我还是宁愿选择"往日风流"。

并非旧年人物的性情、事迹都十分美好,不过是经过时间的过滤，人事纷扰、利害相争都已淡化，于是只留下令人歆羡的"风流"态。

此书原拟编入南方某出版社筹组的"思想文化小品"，故尝取名"往日风流"，以配充"小品"，虽然颇惴惴于笔墨的不够洒脱。该丛书因出版方毁约而搁浅，拙集经增补后，又加入现在这套"思想之旅书系"，借机改题"旧年人物"，以求意思显豁，也显得庄重，不必再为杂收学术短论而歉疚，于是皆大欢喜。

1996年4月28日于京西蔚秀园

后 记

此书原列入"思想之旅书系",1997年2月由中国广播电视出版社出版,至今已逾十年。令人欣慰的是,这册小书并没有被人忘记,两三家出版社先后来联系重印,让我觉得起码还有人喜欢读这些旧文。

至今挂在网上的一篇书评,出自一位我不认识的作者"若木"之手,窃以为最能搔到痒处,故不避"广告"之嫌,摘录如下:

晚清至民国一段,时局纷乱,人心思变,而正是在纷乱的变化中方才显出人物的性情与品格,于是,平常史家最喜欢的方式就是将人物放到大是大非中去表现,而夏先生别出心裁,所及人物景观格外不同。

平常提及林纾，必论其保守之类，而夏先生独讲其"好名"，这也是无伤大雅之处，但一股旧时的文人气溢于言表。再到著名的维新派人士谭嗣同、梁启超等，更是大多讲变革图新之可贵一类，夏先生偏不，在她的关照里是一个性情中的谭嗣同，是一个有着"寂寞身后事"的梁启超。如此等等。终于发现，对于旧年人物，夏先生是站在人性的立场上，企图发掘的是人物身上更丰实的一面，而不是所谓的贴标签之类的历史定位法。

每一副题下，大约都是"说"字当头，而贯穿全书的都是这种"闲说"，看似不经意间闲聊一两件发黄旧事，实则独见一种别样的洞见……换个场景，如果我们在某个午后，无事的时候翻看些许发黄的相片，谈的必然是几件可人的轶事，于哈哈一笑间，那人便恍如眼前了。

钩沉之事，最难能的地方在于见出一股新东西，如果仍旧是陈味，不钩也罢。因此，所谓的历史人物评说，很重要的一点就在于评说者的心态与立场，这些先在的东西其实已经决定了后续工作的品级。正是夏先生的"通达宽厚"，通俗的说就是人情味，才使得那些晚清人士各有各的性情，而于这性情间或许映衬出时代变迁对于人心的微妙感觉，苍凉、温润或者是其他的闲情逸致尽在其中。但比较而言，夏先生强调的或许是历史中的人，而不是人中的历史。

这篇书评的题目是《发黄的相片与崭新的情感》，我以为用来概括旧作，十分妥帖。

应该交代的是当时的写作心境。1988年9月，刚刚完成一组闲话近代诗歌的文章，结集为《诗界十记》，初试随笔写作的感觉还很新鲜；于是再接再厉，想以近代人物为对象，解读一下其真性情。由于是短文，只能从某一侧面进入。最先写出的是《傲骨原宜老布衣——说林纾的"好名"》，交给了刚刚创刊的《中国文化》。恰好《读书》编辑吴彬对此题目也有兴趣，于是约我与平原合作，发一个连载的系列。这就是平原那篇《工诗未必非高僧——说寄禅的"痴诗"》的来历（后收入广东旅游出版社1992年版《大书小书》）。不过，到头来，平原是一鼓而竭，我勉强写出五篇（在《读书》只刊三篇），也即收场。原因在于，虽然作的是小文章，花的气力却很大。至少需要通读过闲话对象的大部分著作，才敢落笔。如此，本来希望轻松一点的文字，反而让自己沉重起来。

尽管放弃了原先不大不小的计划，却仍然留恋那种漫话的笔调，这也成为此期个人学术随笔写作的基本风格。因而，尽管1997年版的《旧年人物》话题有些散漫，读起来味道还大致接近。

此次承蒙文汇出版社编辑盛情邀约，重新编排，作了不少增删。因为毕竟其间又出过几本书，为求主题相对统一，不免对旧作有所切割。这回的调整，便确定以"旧年人物"为中心，撤下了原先谈日本观感的第三辑；加以前年在三联书店出版的《阅读梁启超》中，已将1989年以后所写关于梁氏的长文短章尽数纳入，不应再多占此书篇幅。故而，除留下《寂寞身后事》以与漫谈康有为的《"圣人"心迹》配对外，其他初版中有关梁启超的诸作均已剔除。

目前的安排是，第一辑除去掉《著论求为百世师——说梁启超的"善变"》外，其他基本照旧。新增加两篇有关秋瑾之文，乃是近年作晚清女性研究的副产品。

第二辑各文原是为"五四"运动80周年而写，当初师生合作，出版了一本图文书《触摸历史——五四人物与现代中国》（广州出版社1999年版）。其中，梁启超及其朋友林长民、汪大燮、刘崇佑四人行迹由我撰稿。因多采用报刊资料，对一向遭贬抑的进步党同人的政治活动便有了与前人不同的理解，算是为我的研究对象做了一点小小的昭雪工作。这组文章先已编入《晚清的魅力》（百花文艺出版社2001年版），此次抽出，挪移此处，自是为了增重书中"人物"部分的分量。

第三辑全部照录初刊本的第二辑，原先的后记中已有说明，不赘。

第四辑删去了与梁启超有关的三文后，增补了四篇读报评书文字，涉及黄遵宪、秋瑾以及近年突受重视、著作在一个世纪前的法国即已畅销的陈季同等人，各文均未曾入集。

编定全书以后，有一发现，添加的各文似乎多了点学院气，少了些散漫感。当然，写作缘由、年岁与心境都会有变化，是好是坏说不清。但不知"若木"与读者诸君的感觉如何。

2008年5月2日于京西圆明园花园

2018年9月5日小有修改